Detlef Gaus / Elmar Drieschner

Strukturelle Kopplungen im Bildungssystem

Zur theoretischen und historisch-empirischen
Fundierung bildungswissenschaftlicher
Forschung am Beispiel des Verhältnisses
von Kindergarten und Grundschule

Schneider Verlag Hohengehren GmbH

Umschlagbild: © ag visuell – Fotolia.com

Gedruckt auf umweltfreundlichem Papier (chlor- und säurefrei hergestellt).

Bibliografische Information der Deutschen Nationalbibliothek

Die Deutsche Nationalbibliothek verzeichnet diese Publikation in der Deutschen Nationalbibliografie; detaillierte bibliografische Daten sind im Internet über ›http://dnb.d-nb.de‹ abrufbar.

ISBN 978-3-8340-1289-0
Schneider Verlag Hohengehren, 73666 Baltmannsweiler
Homepage: www.paedagogik.de

Alle Rechte, insbesondere das Recht der Vervielfältigung sowie der Übersetzung, vorbehalten. Kein Teil des Werkes darf in irgendeiner Form (durch Fotokopie, Mikrofilm oder ein anderes Verfahren) ohne schriftliche Genehmigung des Verlages reproduziert werden.

© Schneider Verlag Hohengehren, Baltmannsweiler 2014
   Printed in Germany. Druck: Djurcic, Schorndorf

Inhalt

I Theoretische Grundlegung einer Forschungsperspektive auf strukturelle Kopplungen des Bildungssystems 7

1. Autopoiesis und strukturelle Kopplung 7

2. Strukturelle Kopplungen auf verschiedenen Ebenen des Bildungssystems 23

3. Das Bildungssystem als ‚lose gekoppeltes System' 29

4. Strukturelle Kopplungen zwischen Kooperation und Hierarchie, zwischen dezentraler Kontextsteuerung und Okkupation 37

4.1 Kooperative Kopplungen 39

4.2 Hierarchische Kopplungen – dezentrale Kontextsteuerung 45

4.3 Politische Anregung kooperativer Kopplungen 51

4.4 Pädagogische Perspektiven auf das Bildungssystem zwischen struktureller Kopplung und Kontextsteuerung 57

II Exemplarische Analyse: Über die Genese und die Friktionen der strukturellen Kopplung von Kindergarten und Grundschule 63

1. Problemstellung und Vorgehen 63

2. Historische Rekonstruktionen 69

2.1 Gemeinsamkeiten und Unterschiede im Systembildungsprozess von öffentlicher Kleinkinderziehung und Schule in der ersten Hälfte des 19. Jahrhunderts 69

2.2	Gemeinsamkeiten und Unterschiede der Systementwicklung von öffentlicher Kleinkinderziehung und Schule bis zur Weimarer Republik	79
2.3	Zur Stagnation der Systementwicklung von Kindergarten und Grundschule im Nationalsozialismus und in der Nachkriegszeit	91
2.4	Politische Steuerung durch Bildungsgesamtplanung – zur politischen Anregung einer kooperativen Kopplung von Kindergarten und Grundschule in der Bildungsreform der 1960er und 1970er Jahre	94
3.	Zum antinomischen Verhältnis von Deregulierungs- und Regulierungstendenzen in der aktuellen Bildungsreformphase	101
3.1	Deregulierung in der politischen Steuerung von Schule und Unterricht. Die autonome Einzelschule als Zentrum der Qualitätsentwicklung	102
3.2	Staatliche Regulierung als Voraussetzung der strukturellen Integration der öffentlichen Kindertagesbetreuung in das Bildungssystem	114
3.3	Zwischenfazit	122
4.	Perspektiven und Probleme aktueller Verkopplungstendenzen von Kindergarten und Grundschule	125
4.1	Kopplungsprozesse auf Struktur- und Deutungsmusterebene	126
4.2	Zum Problem der Integrationssemantik	130
5.	Schluss	137
Literaturverzeichnis		147

I Theoretische Grundlegung einer Forschungsperspektive auf strukturelle Kopplungen des Bildungssystems

1. Autopoiesis und strukturelle Kopplung

Soziologische System- und Differenzierungstheorien ebenso wie Modernisierungstheorien beschreiben das Erziehungs- bzw. Bildungssystem als gesellschaftliches *Funktionssystem*. Dieses erbringt, neben anderen Teilsystemen wie Politik, Sport, Wirtschaft, Militär, Kunst, Gesundheit, Familie und Intimbeziehungen, spezifische Funktionen zur Reproduktion von Gesellschaft bzw. Leistungen für andere Sozialsysteme. Die Funktionen des Bildungssystems[1] bestehen vor allem in Strukturen und Prozessen der Enkulturation, Qualifikation, Legitimation und Selektion. Die Ungleichartigkeit, aber generelle Gleichrangigkeit der einzelnen Funktionssysteme untereinander ist nach NIKLAS LUHMANN das zentrale Strukturmerkmal bzw. primäre Differenzierungsprinzip moderner Gesellschaften. In komplexen arbeitsteiligen Gesellschaften kann kein Teilsystem die Funktion eines der anderen ersetzen (vgl. LUHMANN 1997, S.743ff.).

Gesellschaftliche *Modernisierung* vollzieht sich in dieser Theorieperspektive auf Struktur- und Prozessebene durch die Ausdifferenzierung von Funktionssystemen. In den Prozessen gesellschaftlicher Modernisierung werden ursprünglich nicht voneinander getrennte gesellschaftliche Teilbereiche mehr und mehr voneinander geschieden. In diesem Sinn einer übergreifenden Prozessdynamik bezeichnet HEINZ-ELMAR TENORTH die

> „Verselbständigung, d.h. Systembildung und Professionalisierung, von Erziehungseinrichtungen und ihrer Ablösung von einer primär in der Lebenswelt organisierten Erziehung" [als] „unbestrittenes

---

[1] Im Folgenden wird der Begriff des Bildungssystems dem des Erziehungssystems vorgezogen. Der Begriff Bildung betont die Selbstkonstruktion des Lebenslaufs in Auseinandersetzung mit Umwelt, Erziehung kann demnach allgemein als Anregung bzw. Aufforderung zur Bildung verstehen werden. Der Begriff des Bildungssystems erfasst über den des Erziehungssystems hinaus auch Strukturen und Prozesse informellen und nonformalen Lernens und trägt mithin der partiellen Entkopplung von Lernen und Erziehen in Zeiten lebenslangen Lernens Rechnung.

Kennzeichen der Erziehung in der Moderne" (TENORTH 2008, S.34f.).

Betrachtet man das Bildungssystem historisch, so unterliegt es, ebenso wie seine Bezugssysteme, langfristigen Entwicklungsdynamiken. Historisch differenzierte es sich in den letzten 200 Jahren mit der Auslagerung der Unterrichts- und Bildungsfunktion aus dem Kontext der Familie als eigenständiger gesellschaftlicher Teilbereich aus. Der *Systembildungsprozess* begann allerdings schon früher. So sind etwa bereits in der vormodernen Gesellschaft die Gründungen erster Universitäten im Mittelalter zu benennen. Sie waren erste Institute, an die anschließend sich weitere Dynamiken anschließen sollten. So ergab es sich schließlich, dass sich das moderne Bildungssystem

> „…im Laufe der Jahrhunderte entwickeln sollte. Sein organisatorischer Aufbau ist vom Ende der gelehrten Bildung her gedacht. Seine Entwicklung folgte als interne Differenzierung dem Prinzip der immer weiter nach vorne, in die frühe Kindheit verlagerten Vorbereitung auf die jeweils nächst höhere Stufe der Bildung und Ausbildung" (KADE/RADKE 2011, S.221).

Insgesamt ist nach DETLEF K. MÜLLER der Zeitraum vom 18. bis zum letzten Drittel des 19. Jahrhunderts als die *Ausgangsphase* der Ausdifferenzierung des Schul- und Bildungswesens zu einem Bildungssystem zu konstatieren. In ihr wurde das landesherrlich politische System zum Reformmotor, insofern dieses mit pädagogisch-curricularen, finanziellen und verwaltungsorganisatorischen Vorgaben auf juristischem Wege eine einheitliche Inputsteuerung eines sich in Folge politischer Initiativen langsam entwickelnden Bildungssystems durchsetzte (vgl. MÜLLER 1981, S.250).

Im Endeffekt erreichte dieser Prozess in den deutschen Staaten die für die Moderne kennzeichnende Stufe der *Systembildung*, als etwa nach der Mitte des 19. Jahrhunderts alle Heranwachsenden eines Jahrgangs in das Schulsystem inkludiert wurden (vgl. NATH 2001). Die Systembildung fand ihre Ergänzung mit der Entstehung und Institutionalisierung der funktionsspezifischen dualen Rollen von Lehrer und Schüler (vgl. STICHWEH 1988, S.261) sowie mit bildungspolitischen Normierungen der Lehrerausbildung, Lehrpläne, Unterrichtsmaterialien, Schulhäuser sowie des Schulrechts seit dem letzten Drittel des 19. Jahrhunderts (vgl. PETRAT 1979, PETRAT 1987, SAUER 1998).

Die historisch-empirische Bildungsforschung differenziert diesen Prozess der Systembildung über die letzen 200 Jahre mit der Modellannahme von vier lang anhaltenden *Inklusionsschüben*. In der zweiten Hälfte des 19. Jahrhundert führe ein rasantes quantitatives Bildungswachstum zum Ausbau eines Systems von Volksschulen. Dieses wurde zur Voraussetzung dafür, dass eine vollständige und tatsächliche Umsetzung der Unterrichts- bzw. Schulpflicht möglich wurde. Demgegenüber vollzogen sich die Inklusionsschübe des 20. Jahrhunderts ausschließlich als solche des Ausbaus und der Vernetzung eines Systems weiterführender Schulen. In diesen Wachstumsschüben eines eher qualitativen Bildungswachstums ging die relative Volksschulbeteiligung drastisch zurück.

Nach TALCOTT PARSONS und LUHMANN ist *Inklusion* auf der Ebene der *Strukturentwicklung* (Sozialstruktur) als empirisches Merkmal von Modernisierung und auf der Ebene der *Deutungsmuster* (Semantik) als normatives Prinzip der Moderne im Sinne der Verknüpfung von Gleichheits- und Fortschrittsidee aufzufassen (vgl. SCHIMANK 2005, S.242). Beide Ebenen stehen in einem reziproken Zusammenhang. Bildungshistorisch lässt sich diese Annahme durch die Betrachtung von zwei Prozessen erläutern.

Einerseits – empirisch belegbar – erhöhte sich im langfristigen Trend der Herausbildung eines Bildungssystems für den Einzelnen die Wahrscheinlichkeit, zunächst einmal überhaupt an schulischer Bildung teilzuhaben, sodann, auf weiteren Stufen, an formal immer höheren Formen der Bildung teilzuhaben (*Strukturentwicklung*).

Andererseits – in Bezug auf normsetzende Deutungen – lässt sich im langfristigen Trend eine veränderte Wahrnehmung von Bildungsfähigkeit durch die vielen Einzelnen selber feststellen. Bildungsfähigkeit wurde vom gesamtgesellschaftlichen Ideal aus nicht mehr vom ständisch-hierarchischen Herkommen her gedacht. Bildsamkeit wird vielmehr in der langfristigen Entwicklung mehr und mehr als universales, apriorisches Prinzip verstanden, das jedem Menschen innewohne (*Deutungsmuster*).

Im Effekt ist zu beobachten, dass die Berücksichtigung beider Aspekte mehr und mehr Basis jeder pädagogischen Praxis wie jeder pädagogischer Reflexion wurde (vgl. BENNER 1991, S.71). Damit wird ein für westeuropäische Gesellschaften typisches *Modernisierungsphänomen* erkennbar.

Modernisierung von Bildung vollzog sich in Mitteleuropa in den letzten 200 Jahren einerseits im Abbau *sozialer Exklusion* aus institutionalisierten Bildungswegen sowie andererseits durch die *Universalisierung* und *Generalisierung* der Lehrer- und der Schülerrolle, sodass „jedes Gesellschaftsmitglied in mindestens einer von zwei Rollen am Systemzusammenhang partizipieren" kann (STICHWEH 1988, S.269). Solche Prozesse verlaufen wohl nicht linear, sondern sind in historischen Fachuntersuchungen nach Phasen zu differenzieren, in denen sich Prozesse des Wachstums mit solchen der Stagnation abwechseln. Dennoch zeigen sich gewisse Wahrscheinlichkeiten, dass diese für die Vergangenheit im Einzelnen empirisch nachweisbaren Prozesse in ihrer Tendenz eine hohe und verfestigte Eigendynamik haben (vgl. NATH/GRIEBEL 2010). Denn wie für alle ausdifferenzierten Sozialsysteme gilt auch für das Bildungssystem, dass es keine Stoppregeln der Inklusion und der Perfektionierung der Systemleistung kennt. Die qualitative Perfektionierbarkeit des Bildungsauftrages erscheint als unterreichbares Ideal im Sinne eines moving-target, wobei „gleichzeitig ... eine quantitative Erweiterung des Kreises derer, die der qualitativen Leistungssteigerung teilhaftig werden sollen, hinzu(kommt). Rationalisierung paart sich mit Inklusion, Fortschritts- mit Gleichheitsbestreben" (SCHIMANK 2005, S.173).

Bis hierher kann also festgehalten werden: In den letzten 200 Jahren standen die *Ausdifferenzierung* des Bildungssystems einerseits sowie seine innere *Differenzierung* andererseits mit der *Inklusion* der gesamten Bevölkerung in einem reziproken Zusammenhang. Höhere Bildungsbeteiligung führte zu Prozessen von Strukturveränderungen – Strukturveränderungen führten zu höherer Bildungsbeteiligung. Hierin liegt aus historischer Perspektive der entscheidende Unterschied zwischen vormodernen Bildungsbemühungen und modernen Bildungssystemen. Die Hauslehrererziehung der gehobenen Stände bis zum 19. Jahrhundert ebenso wie die Handwerkerlehre bis zum Beginn des 20. Jahrhunderts waren im Wesentlichen situations- und anlassbezogene Bildungsgänge. Eine curriculare, fachliche, methodische und gestufte Gliederung des Bildungsgangs entwickelte sich erst durch die Inklusion größerer Schülerpopulation in Bildungseinrichtungen.

Bildungshistorisch ist dieser Vorgang prototypisch am Vorläuferphänomen der Ratio Studiorum im System der jesuitischen Kollegien des 17. Jahrhundert erkennbar (vgl. JENZER 1991, S.91ff.; KALTHOFF 1998). Hier lässt sich erstmals in Europa ein in sich gegliedertes, aufeinander bezogenes System von Lehrplanarbeit, didaktischer Zielstellung, methodischer Mittelsetzung und schulorganisatorischer Strukturplanung feststellen. Aber auch diese Kollegien bildeten – ähnlich wie die oben angeführten seit dem späten Mittelalter entstandenen Universitäten – noch kein Bildungssystem im modernen Sinne. Damit ein solches entsteht, sind insbesondere weitere Spezialisierungen von Einrichtungen in ihrem wechselseitigen Verhältnis sowie die Differenzierung und Integration des Bildungsgangs notwendig. Die *Integration* des differenzierten Systems vollzog sich erst über die Institutionalisierung von Übergängen zwischen verschiedenen Einrichtungen und Stufen des Bildungssystems. Die Differenzierung von Einrichtungen macht dabei komplementär die Integration von Einrichtungen erforderlich. Es geht also um die Herstellung von Anschlussfähigkeit und die Gestaltung von Übergängen. Differenzierung und Integration sind komplementäre Prozesse.

Im Effekt der sich dynamisierenden Vernetzung solcher Einzelprozesse differenzierte sich das Bildungssystem in den letzten 200 Jahren mit der Auslagerung der Unterrichts- und Bildungsfunktion aus dem Kontext der Familie als *eigenständiges gesellschaftliches Teilsystem* aus. War vorher das mittuende Lernen in Familie und Werkstatt oder in Mentorenverhältnissen über Jahrtausende die Grundform des Lehr-Lern-Verhältnisses und schulische Unterweisung nur ein Sonderfall für eng umrissene Themenfelder und eng begrenzte Schülerschaften, so vollzog sich mit der Herausbildung moderner Bildungssysteme eine fundamentale Änderung. In allen entwickelten Bildungssystemen hat sich inzwischen das systematische, curricular angeleitete Lehren und Lernen in gestalteten, umweltentzogenen Unterrichtssettings als Normalform bildenden Lehrens durchgesetzt.

Parallel zu solchen Prozessen der *Ausdifferenzierung* von Funktionssystemen verlaufen zudem, ebenso als universale Tendenz zu beobachten, Prozesse der innersystemischen *Differenzierung*. Das Bildungssystem zeigt etwa, bei allen Unterschieden im Einzelnen, immer, überall und übergreifend die Herausbildung einer Differenzierung der Schulstruktur in unterschiedliche spezialisierte Schulstufen und Schulformen.

Prozesse der Modernisierung sind also als funktionale Ausdifferenzierung einerseits und innersystemische Differenzierung andererseits zu betrachten. Zu ihrer Interpretation stellt die soziologische Theorietradition *drei wesentliche Herangehensweisen* zur Verfügung.

So kann die funktional differenzierte Gesellschaft – nach EMILE DURKHEIM – rollentheoretisch als arbeitsteilige Gesellschaft, – nach TALCOTT PARSONS – als strukturfunktional integrierte Gesellschaft und – nach LUHMANN – als polikontexturale Gesellschaft gedeutet werden. In einer wesentlichen Hinsicht besteht dabei ein Zusammenhang zwischen den Theorietraditionen nach DURKHEIM und PARSONS: beide gehen prinzipiell von einer sinnvollen, sich wechselseitig ergänzenden und Gesellschaft integrierenden Arbeitsteilung aus, die sich in der Moderne herausbildet. Im Unterschied dazu bezweifelt die systemtheoretische Theorietradition nach LUHMANN den Gedanken eines harmonischen, einheitlichen Zusammenwirkens der Funktionssysteme zu einem größeren Ganzen. Vielmehr betont LUHMANN das durchaus spannungsreiche Verhältnis stark spezialisierter, relativ autonomer und heterarchisch organisierter Systeme zueinander. Diese konstituieren sich nicht nur durch das individuelle Handeln von Personen. Vielmehr folgen sie jenseits dessen auch einer eigengesetzlichen bzw. eigendynamischen Entwicklung. Diese Annahme wird bereits an seiner theoretischen Konzeptualisierung des Systembegriffs deutlich.

Nach LUHMANN sind soziale Systeme als *Kommunikationszusammenhänge* zu verstehen. Diese verdichten in modernen Gesellschaften ihre jeweiligen Weltdeutungen entlang spezifischer symbolisch generalisierter Kommunikationsmedien zu selbstreferenziellen binären Codes. So entwickelte sich z.B. Geld zum Medium und die Differenz zahlen/nicht zahlen zum Code des Wirtschaftssystems. Das Pendant des Bildungssystems ist das Medium Lebenslauf und der Code lernen/nicht lernen bzw. vermittelbar/nicht vermittelbar. Dieser Theorieperspektive zufolge konstituiert funktionale Differenzierung eine Vielzahl sinnhafter Perspektiven auf Welt. Diese Vielzahl möglicher Weltsichten kennzeichnet LUHMANN mit dem Begriff der *Polikontexturalität* (vgl. LUHMANN 1997, S.892).

In LUHMANNs Gesellschaftstheorie hat die Frage danach eine wichtige Bedeutung, mit welchen Unterscheidungen soziale Systeme beobachten und für sich Welt konstruieren. Aus unterschiedlichen Systemperspektiven wird ein Ereignis anders beobachtet. Der grundlegende Gedanke kann *beispielhaft erläutert* werden. Gesetzt sei der Fall einer Jugendgang, die andere Jugendliche terrorisiert bis hin zu Körperverletzungen. Wird dieser Fall juristisch aufgegriffen, so beobachtet das Rechtssystem die bereits begangenen Straftaten mit Hilfe der Unterscheidung Recht/Unrecht, um zur Festlegung von Strafen zu kommen. Geraten die Jugendlichen unter die Betreuung des Systems Sozialer Hilfen, so wird dieses unter Geltung des Codes helfen/nicht helfen versuchen, gewaltmindernde oder gar -hindernde Strukturen und Prozesse zu unterstützen. Nimmt sich das Bildungssystem des Falls an, so kommt, etwa in der Anwendung und Beurteilung von Mediations- oder Antiagressionsprogrammen der Code lernen/nicht lernen zur Anwendung, nach dem überprüft wird, ob und wie ein Erlernen zivilisierten Umgangs ermöglicht und unterstützt wird (vermittelbar/nicht vermittelbar). Währenddessen kümmert sich das Gesundheitssystem um die Verletzten, indem es, unabhängig von der Frage nach Tätern und Opfern, unter dem Wirken des Codes gesund/krank versucht, zu Heilungen beizutragen. Indes entscheidet das System der Massenmedien mit der Unterscheidung Information/Nichtinformation darüber, ob es über die Vorgänge rund um diese Jugendgang berichtet. Das Wissenschaftssystem fokussiert derweil empirisch feststellbare Hintergründe, Entstehungsbedingungen, Ursachen usw. von Jugendgewalt und folgt dabei der Codierung wahr/unwahr.

Abstrakter formuliert: Wirklichkeit wird in sozialen Systemen kommunikativ hervorgebracht. Jedes Teilsystem selektiert je spezifische Anschlusskommunikationen im Rahmen seiner durch Medien und binäre Codes abgesteckten Sinngrenzen. Damit bildet es einen selbstreferenziellen, operativ geschlossenen, eigendynamischen und von der systemischen Umwelt abgegrenzten Kommunikationszusammenhang. Diese operative Geschlossenheit von sozialen Systemen gegenüber ihrer Umwelt, die Tendenz zur Verabsolutierung der eigenen Leitunterscheidung und die tendenzielle Indifferenz gegenüber anderen binären Codes bezeichnet LUHMANN im Anschluss an HUMBERTO MATURANA mit dem Begriff *Autopoiesis*.

Mit dem Begriff der Autopoiesis erfasste MATURANA ursprünglich die Fähigkeit von biotischen Systemen zur *Selbsterzeugung und Selbsterhaltung*. Diese Fähigkeit ist dann gegeben, wenn Lebewesen die Komponenten, aus denen sie bestehen, in einem rekursiven Prozess selbst produzieren und reproduzieren können (vgl. MATURANA 2000, S.94). Im Zuge seiner Theorieentwicklung überträgt LUHMANN dieses in der Biologie entwickelte Konzept der Autopoiesis auch auf die Beschreibung und Analyse von psychischen und sozialen Systemen (vgl. LUHMANN 1987). Damit formuliert er bereits in den 1980er Jahren die inzwischen weithin in der Soziologie und Neurobiologie bestätigte These, dass auch diese Systeme geschlossen und ohne direkten Umweltkontakt operieren.

Anders als soziale Systeme, die im Modus von Kommunikation operieren, operieren *psychische Systeme* im Modus von Bewusstsein. LUHMANN zieht somit eine scharfe Trennlinie zwischen Psychischem und Sozialem: Die Autopoiesis von psychischen Systemen ereignet sich im Geflecht von sich selbst produzierenden Bewusstseinsprozessen. Gedanken schließen prozessual an Gedanken an. Diese Rekurse sind zu unterscheiden von der Autopoiesis sozialer Systeme. Jene ergibt sich in sich selbst produzierenden Kommunikationsprozessen, dort schließen Kommunikationsereignisse schließen prozessual an Kommunikationsereignisse an.

Mit dieser Theorieanlage wird unmissverständlich die *Eigendynamik* der gesellschaftlich-sozialen Welt hervorgehoben. Diese sperrt sich als strukturell differenter Systemzusammenhang einer ausschließlich handlungstheoretischen Perspektive auf die beteiligten Personen. Folglich rückt der Mensch hier in die Umwelt sozialer Systeme. So sind etwa die Elemente des Interaktionssystems Unterricht nicht die Kinder einer Schulklasse, sondern alle Kommunikationsereignisse, die nach der binären Codierung lernen/nicht lernen spezifiziert werden. Die Schülerinnen und Schüler als Personen sind Umwelt des Interaktionssystems Unterricht.

Kommunikation als Modus sozialer Systeme operationalisiert LUHMANN als Einheit dreier Selektionen: Information, Mitteilung und Verstehen. Demnach emergiert Kommunikation, wenn eine Information (Selektion eines Inhalts) von ihrer Mitteilung (Selektion einer Mitteilungsform) unterschieden wird. Die in einem sozialen System zulässige Kommunikation wird durch die o.g. funktionsspezifischen Medien und Codes selektiert. Dadurch wird die Wahrscheinlichkeit der Annahme und Anschlussfähigkeit von Kommunikation erhöht. Die *Anschlusskommunikation* sichert die Autopoiesis des sozialen Systems und zeigt, wie die vorherige Kommunikation verstanden wurde. Dieses *operationsbezogene Verstehen* entspricht der Autopoiesis sozialer Systeme und sieht von der psychischen Systemrealität ab: „Verstehen geht nicht in die Tiefe, wo es sich ja nur verlieren könnte" (LUHMANN 1986, S.95).

Um Verstehen nachhaltig zu sichern, werden *Annahmeroutinen von Kommunikation* nötig. Diese sind dem jeweiligen Codewert eines Systems zugeordnet (vgl. NASSEHI 1999, S.15). So erhöht sich die

Wahrscheinlichkeit der Annahme von Kommunikationsofferten, wenn die jeweiligen systeminternen Programme, Regeln, Grammatiken, zentralen Begriffe und Diskursformen berücksichtigt werden. Fordert etwa ein Lehrer auf einer schulischen Gesamtkonferenz, der oben angesprochen Jugendgang mit Verwahrhaft oder Nachsozialisation im Rahmen von paramilitärischem Drill beizukommen, so wird er aller Wahrscheinlichkeit nach in dieser Umgebung als ‚unpädagogisch denkender' Außenseiter geächtet. Hingegen ist eine Argumentation für erlebnispädagogische Maßnahmen oder schulische Präventions- und Interventionsarbeit auf Basis gängiger Programme wie z.B. ‚Faustlos' zulässig und zieht Anschlusskommunikation nach sich.

Die Annahme der kommunikativen Geschlossenheit von sozialen Systemen ist jedoch nicht als hermetische Isolation aufzufassen. Grundsätzlich kann aus dem Gedanken der Autopoiesis nicht auf eine völlige, selbstreferenzielle Abgeschlossenheit von Systemen gegenüber ihrer Umwelt geschlossen werden. Autopoietische Systeme können zwar von außen nicht determiniert werden. Wohl aber können sie irritiert bzw. – mit MATURANA ausgedrückt – *perturbiert* werden.

So kann, um am Beispiel zu bleiben, das Bildungssystem mit seiner Vorstellung, dass man jugendlicher Aggression durch positiv gestaltetes individuelles Lernen begegnen könne, durch das System Sozialer Hilfen *irritiert* werden. Jenes operiert etwa nach der Vorstellung operiert, das es ein generelles Aggressionsproblem in einem problematischen Stadtteil gäbe. Daraus ist dort die Schlussfolgerung gezogen worden, dass solche Probleme durch die Hilfe von Beratungsstellen oder des Einsatzes von niederschwelliger Straßensozialarbeit generell minimiert werden könnten. Ebenso kann auch auch umgekehrt das System Sozialer Hilfen durch das Bildungssystem irritiert werden. Beide Systeme gehen aber nicht ineinander auf und übernehmen die jeweils unterschiedliche Codierung auch nicht voneinander.

Grundlegend für LUHMANNs Theoriekonzeption ist damit das Wechselverhältnis zwischen innen und außen bzw. zwischen autopoietischem System und Umwelt. In diesem Prozess kann es durch fortwährende wechselseitige Irritation zur *Koevolution* von Systemen kommen. Dieser Begriff erklärt,

> „weshalb autopoietische Systeme, gleichsam blind und ohne operativen Kontakt mit der Umwelt, Strukturen ausbilden, die zu bestimmten Umwelten passen und sich auf diese Weise spezialisie-

ren, also die Freiheitsgerade, die ihre Autopoiesis an sich bereithielte, einschränken" (LUHMANN 2002, S.24).

Im Prozess der Koevolution koppeln also Systeme ihre Autopoiesis an spezifische Umwelten. Die daraus erwachsenden gegenseitigen Irritationen führen zu wechselseitig angepasstem Strukturaufbau. Diesen Anschluss bezeichnet LUHMANN, wie vor ihm bereits MATURANA, eines autopoietischen Systems an seine spezifische Umwelt als *strukturelle Kopplung* (vgl. LUHMANN 1997, 2002).

Fachsprachlich können strukturelle Kopplungen als auf relative Dauer gestellte, durch spezifische Medien vermittelte Beziehungen zwischen Systemen definiert werden. So sind etwa psychische und soziale Systeme miteinander strukturell gekoppelt, weil sich Kommunikation und Bewusstsein wechselseitig voraussetzen. In der Beziehung von sozialen Systemen untereinander ist immer dann von struktureller Kopplung zu sprechen, „wenn systemspezifische Kommunikationen zur Lösung des Selbstreferenzproblems des jeweils anderen Systems beitragen und wenn ein reziproker Leistungsaustausch zwischen den Systemen stattfindet" (BORGGREFE/CACHAY 2010, S.52). Dies setzt *beobachtendes Verstehen* bzw. Empathie zwischen System voraus. Dabei beobachtet ein psychisches oder soziales System, wie ein anderes System beobachtet, d.h. wie es „für sich selbst die Differenz von System und Umwelt handhabt. ... Die Leitdifferenz, die das Verstehen als Beobachtung ermöglicht, ist mithin die System/Umwelt-Differenz eines anderen Systems" (LUHMANN 1986, S.80) (zu den verschiedenen Varianten des Verstehens in der Systemtheorie vgl. auch DRIESCHNER 2004, 2006, 2012).

Strukturelle Kopplungen bieten einen wesentlichen operativen Vorteil gegenüber anderen Lösungen. Dieser liegt darin, dass die über sie verbundenen Systeme nach wie vor geschlossen operieren, ohne die Komplexität ihrer Umweltbedingungen annehmen zu müssen. Trotzdem aber können Systeme von den Systemlogiken in ihren Umwelten profitieren (vgl. LUHMANN 1997, S.107). LUHMANN nennt typische Formen struktureller Kopplungen zwischen gesellschaftlichen Funktionssystemen, die DETLEF HORSTER prägnant zusammenfasst:

„(1) Die Kopplung von Politik und Wirtschaft wird in erster Linie durch Steuern und Abgaben erreicht [...]. (2) Die Kopplung zwischen Recht und Politik wird durch die Verfassung geregelt [...]. (3) Im Verhältnis von Recht und Wirtschaft wird die strukturelle Kopplung durch Eigentum und Vertrag erreicht [...]. (4) Wissenschaftssystem und Erziehungssystem werden durch die Organisationsform der Universität gekoppelt [...]. (5) Für die Verbindung der Politik mit der Wirtschaft [gibt es die Expertenberatung] (6) Für die Verbindung zwischen Erziehungssystem und Wirtschaft (hier als Beschäftigungssystem) liegt der Mechanismus der strukturellen Kopplung in Zeugnissen und Zertifikaten" (LUHMANN 1997, zit. nach HORSTER 2005, S.149).

Im vorliegenden Buch geht es um die theoretische Systematisierung und exemplarische Analyse typischer *Arten und Formen* struktureller Kopplungen speziell des Bildungssystems. Dass ein solches Herangehen instruktiv sein kann, mag wiederum am Beispiel der Jugendgang unmittelbar verdeutlicht werden. Zunächst kann unsystematisch beobachtet und zusammengetragen werden, welche Formen struktureller Kopplungen hier unmittelbar sichtbar sind.

Treten etwa Probleme mit jugendlichen Gewalttätern und Gewaltopfern zutage, so kommt es heutzutage bei der Problembehandlung in aller Regel zu Prozessen struktureller Kopplung zwischen den Systemen Bildung und Soziale Hilfe. Hierbei handelt es sich zunächst um eine *Form kooperativer Kopplung*. Dabei bilden beide Systeme wechselseitig Erwartungsstrukturen aus, die sie für Irritationen aus dem jeweils anderen System sensibilisieren. Das Bildungssystem mit seinen Codierungen lernen/nicht lernen sowie vermittelbar/nicht vermittelbar kann jugendlichen Gewalttätern nicht umfassend Resozialisierungshilfe im Kontext ihrer jeweiligen problembehafteten Lebenswelten anbieten. Es beobachtet aber sozialpädagogische Hilfeangebote als für sich selbst relevante Maßnahmen, nimmt also die Beobachtungsperspektive helfen/nicht helfen auf dem Hintergrund der eigenen Codierung lernen/nicht lernen ein (beobachtendes Verstehen). Auf dieser Basis entstehen Kopplungsprozesse, die sich entlang einer *Struktur-* und einer *Deutungsebene* betrachten lassen.

Auf der *Strukturebene* entwickelt sich ein reziproker Leistungsaustausch zwischen Schulen und Jugendhilfeeinrichtungen, indem etwa Programme und Projekte gleichermaßen unter Berücksichtigung der Codierung ‚Helfen' wie der Codierung ‚Lernen' entwickelt, reflektiert und evaluiert werden und Kooperationen von Pädagogen und Sozialarbeitern entstehen. So werden in aller Regel als zugleich helfend wie als belehrend verstandene Programme zur Anwendung kommen, die schul- und sozialpädagogische Diagnostik und Förderplanung miteinander verzahnen. In diesem Prozess werden Pädagogen

Konzepte der Sozialen Arbeit zur Kenntnis nehmen, ebenso wie umgekehrt Sozialarbeiter/-innen ihrerseits auf pädagogische Konstrukte zurückgreifen werden.

Die Kopplung auf Strukturebene korrespondiert auf der *Deutungsebene* mit dem Versuch einer geteilten Problemsicht. Die sich koppelnden Systeme, hier Schule und Soziale Arbeit, versichern sich einerseits wechselseitig der Relevanz der jeweils anderen Leitorientierungen und Leistungsangebote für die kooperative Problembearbeitung. Andererseits werden die Gemeinsamkeiten der Systeme herausgestellt, um eine ‚gemeinsame Sprache' für die kooperative Problembearbeitung zu finden. So zielen sowohl Schule als auch Jugendhilfe auf die Förderung der Entwicklung und Bildung von Kindern und Jugendlichen sowie ihrer gesellschaftlichen Integration. Vor diesem Hintergrund verdichten sich im Überschneidungsbereich der Diskurse über Bildung und Jugendhilfe *Integrationsformeln* wie ‚Bildung', ‚Förderung' oder ‚Integration'. Diese *semantisch vagen Slogans*, die auch von den beteiligten Akteuren im System aufgenommen werden, enthalten einen *Kommunikationsüberschuss* offener Anschlussmöglichkeiten. Sie eröffnen damit Sozialarbeitern und Lehrpersonen ebenso wie Sozialarbeitswissenschaftlern und Bildungsforschern vielfältige Möglichkeiten, sich die Anschlussfähigkeit ihrer bisher getrennten Diskurse zu suggerieren.

Diese Integrationssemantiken suggerieren nur auf einer ersten Ebene vordergründige Anschlussfähigkeiten, weil sie systemische Unterschiede im Hinblick etwa auf differente Programme, Theorien, Begriffsverwendungen, Institutionslogiken und -kulturen, Habitusformen etc. verdecken. Sie funktionieren sogar überhaupt nur, weil sie faktisch, in der Anwendung durch die Akteure der Schule und Jugendhilfe *unterschiedlich verstanden* werden.

Der *Überschuss an semantischer Anschlussfähigkeit* wird innerhalb jedes Systems anders verarbeitet. So benutzen im Effekt die kooperierenden Akteure vielfach die gleichen Begriffe, verstehen sie aber vor dem Hintergrund systemischer Differenzen nicht selten völlig unterschiedlich. So mag etwa der Sozialpädagoge unter Bildung Alltagsbildung verstehen und dabei von den lebenswelt-, lebenslagen- und ressourcen- bzw. capabilitiesorientierten Ansätzen der Sozialen Arbeit ausgehen, während der Schulpädagoge an Problemlösekompetenzen in fachlichen Domänen denkt.

Zugleich und übergreifend werden die kooperativen Systeme Bildung und Soziale Hilfe durch das Rechtssystem wie durch das politische System irritiert. Hier ist eine *Steuerungsebene* angesprochen. Nimmt man das Rechtssystem, so regt dieses Kooperationen an, indem es etwa Anforderungen der Jugendgerichtshilfe, Bewährungsauflagen, etc. stellt, auf die wiederum das Bildungssystem wie das System Sozialer Hilfen ggf. rekurrieren. Durch derartig angeregte Kooperationen fließen Vorstellungen einer Wiederherstellung sozialer Ordnungen in die Konzeptualisierung von pädagogisch-sozialarbeiterischen Projekten ein, die letztlich ihren gemeinsamen historischen Ursprung in den Polizey- und Kameralordnungen des 18. Jahrhunderts haben. Aus historisch-systematischer Perspektive wird somit folgender Sachverhalt deutlich: Aus ursprünglich nicht voneinander getrennten Bereichen differenzieren sich die spezialisiert arbeitenden Systeme Bildung und Soziale Hilfe aus, die im konkreten Moment der Problembearbeitung neu in einen politisch vermittelten Prozess der strukturellen Kopplung eintreten.

Damit ist ein Phänomen der *Kopplung hierarchischer Art* angesprochen. Es ist das politische System, welches, „durch die Verfassung geregelt" (s.o.), das Rechtssystem sowie das System Sozialer Hilfen im Feld der Jugendgerichtshilfe zusammenbindet. Das Rechtssystem wird durch das politische System in die Lage versetzt, das Bildungssystem und das System Sozialer Hilfen zu irritieren. Das politische System bevorrechtigt über die Steuerungsebene in gewisser Weise das Rechtssystem. Im Effekt bedient sich politische Steuerung der Mittel des Rechts, um über Gesetze und Erlasse Schulen und Einrichtungen der Kinder- und Jugendhilfe zu Kooperationen anzuregen. Solche Erörterungen können noch weiter fortgeführt werden, der Grundgedanke aber zeichnet sich bereits hier ab.

Der vorliegende Band beruht auf der Annahme, dass vom Begriff der *strukturellen Kopplung* ein Anregungspotenzial für erziehungswissenschaftliche, bildungshistorische und bildungssoziologische Perspektiven auf das Bildungssystem ausgeht. Grundlegende erkenntnistheoretische Prämisse ist dabei, dass sich der Strukturaufbau des Bildungssystems aus seinen System-Umwelt-Beziehungen heraus beschreiben lässt. Dieser Gedanke war bereits jenen Geisteswissenschaftlichen Pädagogen zu Beginn des 20. Jahrhunderts vertraut, die, wie WILHELM FLITNER, Erziehung als ‚Zwischenwelt' charakterisierten oder, wie HERMAN NOHL, die ‚relative Autonomie' des Bildungswesens im Verhältnis zu anderen Gesellschaftsbereichen analysierten (vgl. z.B. TENORTH 1992).

Es wird dabei davon ausgegangen, dass das angesprochene Phänomen einer ‚funktionalen Autonomie', wie es mit LUHMANN zu bezeichnen wäre, eine Grundkonstituente des Bildungssystems ist. Immer geht es um stetig neu auszubalancierende labile Interaktionsprozesse zwischen dem Bildungssystem und seinen Umwelten. Diese komplexen Prozesse schränken – betrachtet man die *relative* Autonomie des modernen Bildungssystems – pädagogische Entscheidungsräume im Konkreten immer schon ein. Deren komplexes Wechselspiel ermöglicht – betrachtet man die relative *Autonomie* des modernen Bildungssystems – pädagogische Entscheidungsspielräume im Abstraktum erst.

Die unterstellte Relevanz einer solchen Theorieperspektive lässt sich aus einer *zeitdiagnostischen Annahme* herleiten. Vertreten wird in dieser Abhandlung die These, dass sich gegenwärtig die strukturellen Kopplungen des Bildungssystems zu seinen relevanten Umwelten in Prozessen großer Verdichtungen und neuer Verflechtungen befinden. Indizien für neue oder neu strukturierte strukturelle Kopplungen des Bildungssystems mit vielfältigen Umwelten mehren sich spätestens seit den 1990er Jahren.

Strukturelle Kopplungen entstanden auf der *Strukturebene*, um nur Beispiele zu nennen, vor allem mit dem Wirtschaftssystem, wodurch die ‚Erwachsenenbildung' zur mehr und mehr auch zertifizierender ‚Fort- und Weiterbildung' wird. Strukturelle Kopplungen entwickelten sich mit dem Kultursystem, der gesamte Bereich der ‚kulturellen Bildungsarbeit', die zwischen Schule einerseits und neuerdings so genannten potenziellen ‚Bildungspartnern' geleistet wird, wäre hier zu nennen. Strukturelle Kopplungen restrukturierten sich im Verhältnis zur Sozialen Arbeit, insofern hier anders gelagerte Konzepte ‚offener Jugendarbeit' entstanden. Nicht zuletzt ist in Bezug auf dieses Spannungsfeld zwischen dem Bildungssystem und dem System Sozialer Hilfen auch die seit gut 10 Jahren sich vollziehende Neuverortung und -akzentuierung der ‚frühkindlichen Bildung' zu nennen.

Auf der *Deutungsebene* sind etwa Diskurse über ‚nonformale, informelle und akzidenzielle Lern- und Bildungsprozesse', über ‚die Entgrenzung des Pädagogischen', ‚die andere Seite der Bildung', ‚lebenslanges Lernen' oder die ‚Entgrenzung des Pädagogischen' in Prozessen der ‚Pädagogisierung aller Lebensbereiche und Lebensalter'

Ausdruck dieser Entwicklung. Als Semantiken bildungswissenschaftlicher Reflexion indizieren sie eine zunehmende kulturelle, ökonomische und wissenschaftliche Anerkennung der Bildungsfunktionen nichtschulischer Bereiche (vgl. OTTO/RAUSCHENBACH 2008).

Mit der Aufnahme dieser Entwicklung durch das politische System, auf der makropolitischen Ebene insbesondere im Lissabon-Prozess, wurde zwischen 1998 und 2000 eine neue, EU-weite Phase eingeleitet. Akzidenzielles, anlassbezogenes und netzwerkgebundenes Lernen nicht mehr nur in formalisierten, sondern auch und gerade in nonformalen und informellen Bildungsprozessen rückte in den Fokus politischer Aufmerksamkeit. Damit kam die *bildungspolitische* Aufgabe in die Diskussion, bisher eher randständig gebliebene bzw. disparat stehende Bereiche strukturell stärker als bisher durch das und in dem Bildungssystem zu verkoppeln.

Diese Makrotendenz erfordert *neuartige Balancen* der Abstimmung und Gestaltung von Übergängen zwischen Schulen als Kernorganisationen des Bildungssystems und neu zu integrierenden Bereichen. Die Herausforderung z.B. der Kooperation von Jugendhilfe, Jugend(kultur)arbeit und Schule in der offenen Ganztagsschule oder der Verzahnung von Elementar- und Primarpädagogik im Spannungsfeld zwischen Kindergarten und Grundschule besteht in der organisatorischen Gestaltung und pädagogischen Legitimierung neuer System-Umwelt-Beziehungen. Wenn derzeit eine Systemintegration des Bildungssystems auf höherer Ebene bildungswissenschaftlich diskutiert und bildungspolitisch gefordert wird, dann ist es ein analytisch zentrales Anliegen, zwischen strukturellen Kopplungen des Bildungssystems *mit* relevanten Umwelten einerseits und daraus ggf. erwachsenen strukturellen Integrationsprozessen *in* das Bildungssystem hinein andererseits zu unterscheiden.

Soll dieses grundlegende Herangehen, bei allen unterschiedlichen Interpretationsmöglichkeiten im Detail, grundsätzlich zur Diskussion gestellt und weiterentwickelt werden, so bietet es sich an, übergreifend mit dem Begriff der *strukturellen Kopplung* zu operieren. Strukturelle Kopplung ist ein Begriff mit hohem Erklärungspotenzial, aber auch mit großer Reichweite. Er erlaubt es, auch bei im Einzelnen je unterschiedlichen erziehungswissenschaftlichem oder bildungssoziologischem Forschungsinteressen, Beziehungen sowohl zwischen psychischen Systemen im Lehr-Lernprozess, als auch zwischen einzelnen Organisationen im Bildungssystem als auch schließlich zwischen dem

Bildungssystem und anderen gesellschaftlichen Funktionssystemen zu beschreiben, zu vergleichen, zu systematisieren und wechselseitig zur Diskussion zu stellen. Dem Begriff kommt somit ein kritisches Analysepotenzial zu, insofern er das spannungsreiche Mit- und Gegeneinander der Systeme in den Mittelpunkt der Aufmerksamkeit rückt.

2. Strukturelle Kopplungen auf verschiedenen Ebenen des Bildungssystems

Ein systematischer Blick auf die Formen möglicher *struktureller Kopplungen* des Bildungssystems kann grundlegend an die von LUHMANN vorgenommene Unterscheidung zwischen psychischen Systemen einerseits und sozialen Systemen andererseits anschließen. Soziale Systeme wiederum sind demnach in Interaktionssysteme, Organisationen und Gesellschaft zu teilen.

Das Bildungssystem als soziales System ist zuallererst auf die beteiligten *psychischen Systeme*, also auf Personen[2] angewiesen. Seine erste und grundlegende Funktion liegt darin, Personen etwa durch Belehrung oder durch die Gestaltung von Lernumgebungen Bildungsmöglichkeiten zu eröffnen. ‚Bildung' kann hier auf einer allgemeinen und theorieübergreifenden Bedeutungsebene verstanden werden als Strukturaufbau einer Person in aktiver Auseinandersetzung mit ihrer sozialen und materiellen Umwelt über den gesamten Lebenslauf, mithin als Entfaltung ihrer Möglichkeiten und Potenziale und als Entwicklung eines individuellen Welt- und Selbstbezugs im Denken, Fühlen und Handeln.

Auf der nächsten Ebene lässt sich das Bildungssystem heuristisch betrachten hinsichtlich seiner *Interaktionssysteme*. Interaktionssysteme sind beispielsweise die typischen und routinisierten Interaktionen zwischen Erzieher/-innen und Kindern, zwischen Lehrkräften und Schüler-/innen, zwischen Dozierenden und Kursteilnehmer/-innen. Das erste und grundlegende Interaktionssystem etwa in der Organisation Schule ist das Unterrichtsgeschehen. Lehren und Lernen kann hier als *strukturelle Kopplung* in der Sonderform einer *Interpenetration*[3] von psychischen Systemen und unterrichtlicher Kommunikation betrachtet werden. Das Bewusstsein der Schüler einerseits und Kommunikation bzw. Interaktion im Interaktionssystem ‚Unterricht' sind folglich strukturell differente und unabhängig operierende, aber den-

---

[2] Psychische Systeme werden in der Theorietradition nach LUHMANN als *Personen* bezeichnet, wenn ein Beobachter ihnen bestimmte Kommunikationen als Sender oder Empfänger zurechnet, sie also zum Adressaten von Kommunikation werden (vgl. WILKE 1989, S.25).
[3] Von Interpenetrationen ist dann zu sprechen, wenn autopoietische Systeme sich so sehr in wechselseitiger Ko-Evolution strukturell koppeln, dass im Effekt kein System mehr in der Lage ist, ohne die Funktionslogik und Komplexität des jeweils anderen Systems bestehen zu können (vgl. LUHMANN 1987, S.286). LUHMANN verwendet den Begriff insbesondere zur Erläuterung von Verhältnissen zwischen Sozialsystemen und psychischen Systemen.

noch einander interpenetrierende, wechselseitig voneinander abhängige Systeme. Die *Interpenetration* zeigt sich in der wechselseitigen Verwiesenheit. Einerseits müssen Kommunikationssysteme wie Unterricht zur Aufrechterhaltung ihrer Operationen Bewusstsein eigenselektiv in Anspruch nehmen. Nur, wenn Schüler etwas ‚lernen', ‚merken', ‚behalten', ‚sich hinter die Ohren schreiben', usw., kann das System Unterricht mit seinen kommunikativ vermittelten Codierungen gut lernen/schlecht lernen und vermittelbar/nicht vermittelbar dauerhaft fortexistieren. Anders herum setzt auch der Strukturaufbau der psychischen Systeme der Lerner wiederum Kommunikation voraus. Nur in der permanenten Anschlusskommunikation kann das Kind lernen, sich *als* Schüler zu verstehen. Beide Systeme, das Interaktionssystem Unterricht wie das psychische System Kind, stellen sich also wechselseitig ihre Komplexität für den jeweilig eigenen Strukturaufbau zur Verfügung. Das Medium der Interpenetration ist hierbei die Sprache, die beide Systeme für ihre je eigenen Prozesse in Anspruch nehmen können (vgl. LUHMANN 2002, S.52; vgl. auch LUHMANN 1987, S.286; URBAN 2009, S.259).

Damit eine unterrichtliche Kommunikation gelingen kann, muss das Bildungssystem seinerseits Lehrpersonen beschäftigen, die in großer persönlicher Freiheit agieren können. Denn bekanntermaßen können nur in der direkten Kommunikation zwischen Personen, in der Unterstellung von Rückkopplungen zwischen den Interagierenden, systematisch strukturierte Lehr-Lern-Prozesse gestaltet werden, in dem tatsächlich lehrende und lernende Personen miteinander interagieren. Weitere Interaktionssysteme bilden sich etwa aus der Kommunikation in Lehrerkollegien (z.B. in Fach-, Zeugnis- oder Gesamtkonferenzen), in Schulleitungen (z.B. in Schulleiterkonferenzen), zwischen Lehrerkollegien und Schulleitungen (z.B. in Dienstgesprächen, Dienstbesprechungen) sowie aus Absprachen zwischen Schulleitungen und Schulaufsichtsbehörden, usw.[4]

---

[4] Unter Rückbezug auf neuere Organisationstheorien wären an dieser systematischen Stelle, über LUHMANNs Verständnis von Interaktionssystemen hinausgehend, auch soziale ‚Netzwerke' zu thematisieren. Netzwerke als informelle, auf persönlichen Kontakten, Präferenzen und Interessen ruhende nicht formalisierte, lose und oftmals nicht offen erkennbare Zusammenschlüsse von Personen, ggf. aber auch Institutionen, erreichen nicht die Formalität von Interaktionssystemen, sind aber dennoch für Institutionen von entscheidender Bedeutung. Die Netzwerke zwischen Schüler/-innen etwa und Eltern, deren Redeweisen letztlich über den Ruf einer Schule entscheiden, die Netzwerke zwischen Lehrer/-innen etwa, welche die Güte bestimmter Fachkollegien entscheidend mitbestimmen, die Netzwerke von Schulleitungen und Personen in den Schulaufsichtsbehörden, die von großer Bedeutung sind, um bei der Neubesetzung einer Schulleitungsstelle zu einer gelingenden Entscheidung zu kommen, sind nur Beispiele für die Bedeutung von Netzwerken. Solche Netzwerke werden in ihrer systemtischen Bedeutung insbesondere von der

Auf einer nächsten Ebene kann das Bildungssystem hinsichtlich seiner *Organisationssysteme* geschieden werden. Jede Einzelschule bildet etwa eine eigene Organisationsstruktur über unzählige Strukturfragen nicht nur von Fach- und Gesamtkonferenzen, von Schulleitung und Vertretungsregelungen, sondern auch vom Hausputz bis zur Notfallevakuierung. Darüber hinaus aber bilden auch Gesamtheiten von Organisationseinheiten ihrerseits Organisationssysteme, so etwa alle Schulen einer Region in Bezug auf die gemeinsame kommunale Schulträgerschaft, die gemeinsam zu organisierende Schülerbeförderung, sodann alle Schulaufsichtsbehörden, sodann Fachabteilungen in den Ministerien, letztlich die Gesamtheit der Organisationseinheiten der KMK usw.

Zwischen diesen Organisationssystemen ihrerseits kommt es wiederum zu strukturellen Kopplungen. Solches geschieht, wenn sich etwa kommunale Schulträger und staatliche Schulaufsichten über sog. äußere und innere Schulangelegenheiten verständigen müssen. *Strukturiert zu organisieren* sind z.B. Fragen der Gestaltung und Einrichtung von Fachräumen, des Aufbaus von Lehrmittelsammlungen, der Durchführung von Schuluntersuchungen, ebenso aber auch der Übergang zwischen einer Grundschule als abgebender Organisation und einer weiterführenden Schule als aufnehmender Organisation, usw.

Schließlich entwickeln sich strukturelle Kopplungen, die über das unmittelbare Schulsystem hinausgreifen. Diese bleiben einerseits *innerhalb des Bildungssystems*, z.B. bei der Gestaltung des Übergangs zwischen einer abgebenden Schule und einer aufnehmenden Schule. Andererseits gibt es sie aber auch an *Schnittstellen zwischen dem Bildungssystem und benachbarten Umwelten*. So arbeiten Schulen etwa mit Stadtbibliotheken zusammen im Bereich der Leseförderung, mit museumspädagogischen Diensten im Bereich der kulturellen Bildung, mit Wirtschaftsorganisationen im Bereich der beruflichen Bildung, mit Sportvereinen im Bereich der Bewegungserziehung usw. Solche strukturellen Kopplungen zwischen Organisationen können langfristig das betreffende Funktionssystem verändern, ebenso, wie sich langfristig solche Wechselbeziehungen unter dem Einfluss der Codierung des

---

Wirtschaftswissenschaft seit einiger Zeit verstärkt in den Fokus ihrer Forschung gerückt. Freilich würde eine solche Ausweitung der Betrachtung auf personale Akteure an dieser Stelle eine nicht unerhebliche Ausweitung des Theorierahmens sowie des empirischen Erhebungsaufwandes bedeuten. Aus systemtheoretischer Perspektive ist zudem die nicht unproblematische Vermischung von Phänomenen der operativen Herstellung und von Arten der deskriptiven Darstellung von Netzwerken in der entsprechenden Literatur zu problematisieren. Von daher sei es hier aus Gründen der übersichtlichen Modellierung bei den im Haupttext benannten Ebenen belassen (vgl. zum Überblick: TACKE 2011, ZÜCK 2012).

Bildungssystems verändern können. Wird z.B. aus einer Schule eine Ganztagsschule wird, in welcher Vertreter/-innen der genannten Organisationen Bildungs-, Erziehungs-, Betreuungs- und nicht zuletzt auch Freizeitangebote machen, so ändert damit die gesamte Organisation ‚Schule' ihren Charakter. Umgekehrt ist aber auch davon auszugehen, dass die beitragenden Organisationen unter dem Einfluss der organisationellen Rahmung ‚Schule' langfristig ihren Schwerpunkt nicht mehr nach ihrer bisherigen Eigenlogik setzen werden, sondern sich vielmehr tendenziell einer schulischen Organisations- und schulpädagogischen Begründungslogik unterwerfen werden.

Auf der Ebene eines noch höheren Komplexitätsgrades ist schließlich das Bildungssystem als *Funktionssystem* aufzufassen. Entwickelt hat sich etwa in den letzten 200 Jahren ein intern gegliedertes und gestuftes Schulsystem als struktureller Kern des Bildungssystems. Dieser Kern steht in verschiedenen Kopplungen zu anderen gesellschaftlichen Funktionssystemen. Einerseits ist es dauerhaft mit anderen Systemen gekoppelt. So ist es etwa mit dem Wirtschaftssystem über die Vergabe von Zeugnissen und Zertifikaten gekoppelt. Andererseits ist es hierarchisch vom politischen System her gekoppelt. Es definiert etwa angemessene Richtwerte von der Klassengröße bis zum Schulhofplatz, es weist Stellen für Lehrkräfte zu, usw.

Auch diese Systematisierung von strukturellen Kopplungen auf verschiedenen Systemebenen kann wieder konkret am *Beispiel* verdeutlicht werden. Gesetzt sei der Fall, dass eine Schule vor Ort die Probleme mit der oben benannten Jugendgang aufnimmt. Auf der Interaktionsebene sprechen, handeln, kommunizieren somit Personen, genauer Lehrkräfte mit Jugendlichen. In diesem Kommunikationsprozess kann es zu wechselseitigen Anregungen und Strukturveränderungen der beteiligten psychischen Systeme kommen oder auch nicht.

Interaktionen zwischen Lehrpersonen und Schülern ereignen sich in der Schule primär im Unterricht. Unterrichtliche Kommunikation folgt dem Code lernen/nicht lernen bzw. vermittelbar/nicht vermittelbar. Das Thema jugendlicher Gewalt wird damit einer *bestimmten Form unterworfen*, welche seine weitere Behandlung prädisponiert.

Diese Entscheidung, die Gewaltproblematik der Jugendgang im Unterricht zu bearbeiten, ist ihrerseits eingebettet in vielerlei Entwicklungen auf der Ebene der verschiedenen *Organisationssysteme*. Sie ist in aller Regel gerahmt durch Absprachen in Fach- und Gesamtkonferenzen oder durch Zielvereinbarungen in Schulleiterkonferenzen unter

Beteiligung der kommunalen Schulaufsichtsbehörde oder durch die Mitwirkung der Schule in einem eventuell vorhandenen kommunalen Jugendpräventionsrat.

Geht die Beschäftigung mit der Thematik über den unmittelbaren Rahmen von Unterricht hinaus, kommt es zu *organisationellen Kopplungen* etwa mit der kommunalen Jugendpflege, mit Gruppen, Vereinen und Verbänden, mit Behörden, Einrichtungen und der Polizei. Solche Verbindungen können innerschulisch unter dem Primat des Schulsystems stehen – etwa in Formen der Ganztagsbeschulung –, sie können aber auch die Schule zu einer Partnerin neben anderen machen – etwa in Partizipationsmodellen jugendlicher Politikbeteiligung.

Auf der obersten Ebene des Funktionssystems wäre die Frage zu verfolgen, ob und ggf. inwieweit die *Funktionslogik* des Bildungssystems sich *verändert*, wenn z.B. dauerhaft und meistenorts die Organisationssysteme vor Ort den Bildungsauftrag des Bildungssystems in Richtung auf Fragen der Gewaltprävention beeinflussen oder wenn es zu Diskussionen um die (Wieder-)Einführung von ‚Kopfnoten' für gutes Benehmen geht.

Bis hierhin wird folgendes deutlich: Sollen strukturelle Kopplungen zum Gegenstand der erkenntnisleitenden Frage gemacht werden, so ist zu systematisieren, dass und wie solche Kopplungen verschiedene Formen annehmen können. Dieser Gedanke erscheint zunächst als Binsenweisheit, zeichnet sich doch schon an dieser Stelle ab, dass prima vista ganz unterschiedliche und, dem Anschein nach, beinahe beliebig viele Formen struktureller Kopplungen beschrieben werden können. Eine wichtige Systematisierungsaufgabe besteht daher in dem Versuch, je nach Systemebene jeweils typische Formen struktureller Kopplungen zu unterscheiden, die im jeweiligen Bereich von besonderer Bedeutung sind. Generell, so wird hier argumentiert, ist es möglich, *kooperative Kopplungen* in der Horizontalen von *hierarchischen Kopplungen* in der Vertikalen zu unterscheiden, ebenso, wie es möglich ist, *lose Kopplungen* von *festen Kopplung*en zu unterscheiden.

3. Das Bildungssystem als ‚lose gekoppeltes System'

In einem ersten Schritt ist es notwendig, das Bildungssystem als ein auf allen seinen Ebenen ebenso wie in seinen Umweltbeziehungen nur *lose gekoppeltes System* zu erläutern. Gerade für Zwecke der Interpretation empirisch beobachtbarer Prozesse der Bildungssystementwicklung ist die Berücksichtigung dieser Tatsache von herausgehobener Bedeutung. An dieser Stelle sind Fragen weiterzudenken, die von EWALD TERHART bereits in den 1980er Jahren aufgeworfen wurden. TERHART hatte schon damals, in Auseinandersetzung mit MAX WEBERs Bürokratiemodell und älteren Formen der Schulsystemforschung, dafür plädiert, Ansätze der neueren Organisationssoziologie in die Bildungssystemforschung zu integrieren. Er bezog sich hierbei im Wesentlichen auf den amerikanischen Organisationsforscher KARL E. WEICK, den ebenfalls LUHMANN insbesondere für sein Buch über ‚Soziale Systeme' rezipiert hat (vgl. KIESER/EBERS 2006, S.457). Erstmals stellte TERHART diesen Zusammenhang 1986 her, als er WEICKs Begriff von ‚loosly coupled systems' in die deutschsprachige erziehungswissenschaftliche Debatte einführte.

Das entscheidende Moment für Verständnisse und Erklärungsmodelle zum Bildungssystem liegt demnach in folgender zentraler These: Das Bildungssystem selbst ist schon in seiner internen, inhärenten Logik nicht als geordnet bürokratisiertes, sondern als *labil chaotisches* vorzustellen. Dieser Gedanke sei an einigen Punkten umrissen.

Als Funktionssystem, welches auf der Basis von *Interpenetrationen* mit psychischen Systemen (‚Lernenden') arbeitet, gehört das Bildungssystem zu jenen Sozialsystemen, die *permanente Grundwidersprüche* in sich tragen. Der erste und grundsätzliche Widerspruch liegt darin, dass das Bildungssystem, strukturell ähnlich wie das System Sozialer Hilfen oder auch das Gesundheitssystem, die avisierte Systemleistung gar nicht aus sich selber heraus erbringen kann. Andere Funktionssysteme erbringen ihre Leistung aus sich selbst heraus: Das politische System generiert aus sich heraus Entscheidungen, das Wirtschaftssystem generiert aus sich heraus Produkte und Dienstleistungen, das Wissenschaftssystem generiert aus sich heraus wahrheitsfähige Aussagen. Konträr hingegen ist das Bildungssystem zu verstehen. Seine den Umwelten angebotene Systemleistung liegt darin, ‚Lernen' zu organisieren. Tatsächlich aber kann die Hervorbringung der Leistung ‚Lernen' nur vom psychischen System des Lernenden selber geleistet werden.

Erinnert sei wieder an das Beispiel der ihre Umgebung terrorisierenden Jugendgang. Nimmt sich das Rechtssystem dieses Falles an, so generiert es aus sich selbst heraus die Festlegung von Strafen, Täter-Opfer-Ausgleich, gemeinnützigen Arbeitsauflagen und weiteren Maßnahmen, welche symbolisch die Wiederherstellung sozialer Ordnungen markieren. Wird hingegen dem Bildungssystem die Aufgabe zugetragen, Lernangebote zur Gewaltprävention, zum Antiaggressionstraining, zur Selbstverteidigung oder ähnliches zu entwickeln, so kann es dabei seine ureigene Codierung lernen/nicht lernen, *nicht selber durchsetzen*. Lernen können in diesem Sinne nur die psychischen Systeme, die Jugendlichen selber.

Analog können auch das System Sozialer Hilfen und das Gesundheitssystem betrachtet werden. Wird Lernen im evolutionär-systemtheoretischen Sinne als die Fähigkeit eines lebenden Systems verstanden, in einer Umwelt einen Zustand einnehmen zu können bzw. seine Autopoiesis durch strukturelle Kopplungen aufrechtzuerhalten, so wird die Analogie unmittelbar einsichtig. Angebote der Hilfe im System sozialer Hilfen zielen auf Zustandsveränderungen des psychischen und/oder biophysischen Systems in seiner krisenauslösenden oder -verschärfenden Umwelt. Die Systemveränderung aber, die Krisenreaktion, verstanden als ‚Lernprozess', kann nur vom einzelnen Klienten selber angegangen werden. Selbst das Gesundheitssystem kann in Bezug auf den Menschen als biophysisches System so unter dem Aspekt des Lernens gedeutet werden. Es kann zwar dem biophysischen System Angebote der ‚Heilung' machen, den Prozess der ‚Gesundung' aber – zu interpretieren als Realisierung eines veränderten, relativ überlebensfähigeren Zustandes in der Umwelt – muss der Organismus aus sich selber heraus generieren. Dementsprechend kann gesagt werden, dass Systeme, die sich auf Veränderungen von ‚Menschen' spezialisiert haben, auf ihren zentralen Ebenen und zwischen ihren zentralen Elementen nur schwache und unklare, eben *lose Kopplungen* aufweisen.

Wird hier speziell das Bildungssystem betrachtet, so ist festzuhalten, dass die von ihm in Aussicht gestellte Systemleistung, wenn überhaupt, nur durch kommunikative Beeinflussung von Bewusstseinssystemen zustande kommt. Hier werden, mit FRIEDRICH DANIEL ERNST SCHLEIERMACHER, Handlungsformen und Systemangebote des

Behütens, vor allem aber des Gegenwirkens und der Unterstützung eingesetzt (vgl. SCHLEIERMACHER 1957, S.53ff., S.69ff., S.78ff.). Sie sind eingelagert in spezifische, durch Kultur und Habitus tradierte und durch Erfahrung erlernte, verfestigte Kommunikationsmodi, Verhaltensübungen und Beziehungsformen, mit denen die Wahrscheinlichkeit eines Leistungswillens von Lernern erhöht wird.[5]

Erschwerend kommt Weiteres hinzu: In der Außen- wie in der Selbstbeschreibung des Systems ist nicht einmal klar, worin eigentlich seine *spezifische Leistung* liegt. Das System kann entweder als Erziehungssystem gedeutet werden, wenn eher die angeleitete Instruktion (‚Erziehung') oder die Bereitstellung anregungsreicher Umwelten (‚indirekte Erziehung') in den Mittelpunkt der Betrachtung gerückt wird. Es kann aber auch als Bildungssystem verstanden werden, wenn davon ausgegangen wird, dass sich der Systemzweck erst in der selbstgewählten und selbstbewussten Selbstveränderung der potenziell anzusprechenden Personen in der Welt (‚Bildung') vollendet.

Solche Fragen sind von nicht geringer Bedeutung, bestimmen sie doch die Weite des Feldes, welches vom System erfasst wird. Gesetzt sei der Fall einer *Stadtbibliothek*. Diese wäre ganz sicherlich nicht als Teil des Erziehungssystems aufzufassen, sondern als Organisation in seiner Umwelt. Wird hingegen von einem Bildungssystem ausgegangen, in dem jeder Mensch sich selbst in selbstgewählter und -gestalteter Wechselwirkung mit Welt verändert und entwickelt, wäre sie sehr wohl diesem System zuzuschlagen.

Solche Probleme der systemischen Zuordnung von Organisationen werden z.B. in dem Moment virulent, in dem Schulen und Stadtbibliotheken in Fragen der Lesekompetenzentwicklung oder der Förderung literarischer Kultur zusammenarbeiten. In solchen Fällen ist unklar, ob beide Organisationen innerhalb eines gemeinsamen Funktionssystems oder aber als Teile unabhängiger Funktionssysteme zusammenarbeiten. Im einen Fall wäre die Schule als Leitorganisation des *Erziehungs*systems und die Stadtbibliothek als hierarchisch unter-

---

[5] Dabei ist immer auch mit nicht intentionalen Folgen intentionalen Handelns zu rechnen (vgl. WILLKE 1989, S.28). So können z.B. ‚Strafen' nicht gewünschte Verhalten, sondern Widerstand hervorrufen. Nicht erst in neueren systemtheoretischen Ansätzen, sondern bereits in der Geschichte pädagogischer Theoriebildung wurden in diesem Zusammenhang die Grenzen eines auf Intentionalität abstellenden Erziehungsverständnisses reflektiert (vgl. hierzu: TENORTH 1992). In der Geisteswissenschaftlichen Pädagogik wurden der Dualismus von Intention und Funktion etwa in dem Diktum vom ‚Gesetz der ungewollten Nebenwirkungen' erzieherischen Handelns zum Ausdruck gebracht oder die komplexe ‚Erziehungswirklichkeit' mit ihren verschiedenen Einflussgrößen auf die pädagogische Situation zum Ausgangspunkt der Reflexion erhoben (vgl. SPRANGER 1962, FLITNER 1950).

geordnete Unterstützungsorganisationen aufzufassen, im anderen Falle wäre beide Einrichtungen als vertikal gleichgeordnete und gleichberechtigte Organisationen des *Bildungs*systems aufzufassen, die eine als Teil des Subsystems Schule, die andere als Teil des Subsystems Weiterbildung. Im einen Falle wäre von *hierarchischen Kopplungen* in der Vertikalen, im anderen Falle wäre von *kooperativen Kopplungen* in der Horizontalen auszugehen.

Einen strukturell ähnlich gelagerten Fall offenbaren die Diskussionen etwa um die Stellung der *offenen Jugendarbeit* oder der *Schulsozialarbeit*. Diese können, als sozial*arbeiterische* Angebote, dem System Sozialer Hilfen zugeordnet werden, sie können aber ebenso, als dezidiert sozial*pädagogische* Arbeiten, als Teil des Bildungssystems aufgefasst werden. In der Geschichte wie in der Theorie ebenso wie in politischen und juristischen Festlegungsversuchen der Sozialarbeit und/oder Sozialpädagogik sind, nicht zuletzt im Selbstverständnis von Jugendarbeitern, beide Zuordnungen zu finden.

Insofern markieren unterschiedliche Formen der Reflexion des hier in Rede stehenden Systems seine *notorisch unklaren System-Umwelt-Grenzen und Binnenbeziehungen* – ein zweiter Punkt, der für lose gekoppelte Systeme charakteristisch ist.

Näher organisationstheoretisch geschaut, ergibt sich ein drittes Problem, welches für lose gekoppelte Systeme typisch ist. Auf der einen Seite braucht das Bildungssystem die organisationsförmige Verfestigung des pädagogischen Sektors. Nur so kann es in *relativer Autonomie* bzw. *funktionaler Autonomie* gegenüber den Umwelten der anderen Funktionssysteme bestehen. Auf der anderen Seite ist die direkte Bildungs- und Erziehungsarbeit mit Menschen niemals rein organisationsförmig zu gestalten. Vielmehr vollzieht sie sich personenbezogen auf interaktionaler Ebene. Hier ist ein Problem angesprochen, dem schon in der Geisteswissenschaftlichen Pädagogik ERICH WENIGER den Terminus ‚das Organisatorische' beigegeben hat (vgl. GAUS 2005, S.50ff.). Insbesondere personal orientierte (Reform-)Pädagogen konstruieren daraus nicht selten sogar den problematischen Gedanken einer prinzipiellen Unvereinbarkeit von Interaktion und Organisation (vgl. GAUS/DRIESCHNER 2011). Solche Gedanken markieren Extrempositionen innerhalb des fachlichen Diskurses. Sie verweisen aber gleichwohl auf einen wichtigen Punkt. Typisch für solche Systeme, welche personenbezogene Dienste anbieten – das Bildungssystem, das System sozialer Hilfen, aber auch das Gesundheitssystem – sind hochgesteckte Umwelterwartungen des Bildens, des Helfens, des Heilens unter dem Leitmotiv einer persönlichen Beziehungsgestaltung, die jedoch bei näherer Betrachtung letztlich nicht systematisierbar sind.

Typisch für lose gekoppelte Systeme ist viertens, dass sie – im Verhältnis zur Komplexität der ihnen anvertrauten Probleme – mit relativ gering ausgeprägter, einfacher und wirkungsunsicherer Technologie operieren. Aufgrund dieser Tatsache sind sie von der Person, der Fachlichkeit und dem Ethos ihrer Mitarbeiter, aber auch von der Lern- und Kooperationsbereitschaft der ihnen anvertrauten bzw. sich ihnen anvertrauenden Personen abhängig. Schon 1979 haben LUHMANN und KARL EBERHARD SCHORR für diesen Problemkreis in Bezug auf das Erziehungssystem die Begriffe *strukturelles Technologiedefizit* und *Technologieersatztechnologie* geprägt (vgl. LUHMANN/ SCHORR 1979). Alles, was lose gekoppelte Systeme zur Erreichung ihres Systemzweckes versuchen können, erschöpft sich in der Gestaltung von Lernumwelten, in der Reduzierung von Kontingenzen. Hierfür beziehen sie sich im Allgemeinen auf „die überlieferte Masse von Regeln und Exempeln, Erfahrungen und Warnungen, Berichten von und Erinnerungen an Gelingen und Scheitern der pädagogischen Praxis", also auf eine im System „gegenständlich gewordene Rationalität" (TENORTH 1999, S.206). Diese Kontingenzreduktion kann im besten Falle, im Umkehrschluss, die Wahrscheinlichkeit des Eintretens von Lerneffekten relativ zu anderen Umwelten erhöhen.

Aus der Orientierung an Technologieersatztechnologien, der damit einhergehenden fallbezogenen Situiertheit sowie ihrer lebensweltlichen Verwobenheit ergibt sich für lose gekoppelte Systeme wie das Bildungssystem ein fünftes typisches Problem. Die Ablaufstrukturen und -prozesse der angebotenen Systemleistungen sind *kaum standardisiert* und *wenig standardisierbar*. Von daher ist es systemimmanent, dass professionell-pädagogisches Handeln als ein Handeln unter den Bedingungen permanenter Unsicherheit konzeptualisiert wird.

Damit stellt sich die Frage, wie die Wahrscheinlichkeit des Gelingens von in der Regel intentional gedachter Erziehung angesichts der „Anarchie psychischer Systeme" (TREML 2010, S.282) erhöht werden kann. Auf dieses Problem der systemischen Leistungserbringung haben derartig lose gekoppelte Systeme wie das Bildungssystem in den Prozessen der Systemdifferenzierung und Systemausdifferenzierung mit der Entwicklung von *Medien* reagiert. Medien motivieren nach LUHMANN Systeme überall dort zur Annahme systemspezifischer Selektionsofferten, „wo die Annahme eher unwahrscheinlich geworden ist" (LUHMANN 1990, S.179).

In pädagogischen Interaktionssystemen besteht, folgt man ALFRED TREML, nur eine situative Wahrscheinlichkeit für die Annahme von Selektionsofferten. Es ist z.B. nicht damit zu rechnen, dass sich alle Schülerinnen und Schüler von sich aus intrinsisch für alle Themen und Fächer der Schule interessieren. Gleiches gilt bspw. auch für die Bildungsangebote einer Erzieherin im Kindergarten, die von einem Sportpädagogen angeleiteten Trainingseinheiten oder den nachmittäglichen Geigenunterricht in der Musikschule. In allen Bereichen ist es unwahrscheinlich, dass die pädagogischen Offerten immer mit den Interessen und Bereitschaften der Lernenden korrelieren. Institutionalisierte Erziehung und Unterrichtung kann daher nicht auf eine wie auch immer als natürlich gedachte Neugierde und Lernbereitschaft des Kindes bauen. Dementsprechend müssen sie, soweit professionell-systemisch organisiert, immer auch Anschlussselektionen sicherstellen, wo kein Primärinteresse besteht. An dieser Stelle greifen pädagogische Medien wie *pädagogische Macht, pädagogische Liebe, pädagogischer Humor, pädagogischer Takt* oder *pädagogischer Optimismus* (vgl. GAUS/UHLE 2009). Derartige Medien dienen der Generalisierung der sonst immer nur als situativ vorauszusetzender Wahrscheinlichkeit, dass Lernende die Selektionen eines Lernenden aufgreifen und für eigene Selektionen verwenden (TREML 2000, S.184f.).

Zur Aufrechterhaltung der Systemleistung reagieren lose gekoppelte Systeme sechstens auf eine typische Art und Weise. Sie schließen in aller Regel an *Semantiken* an, die typischerweise auf Pathosformeln eines professionellen ‚Ethos' zielen, der sich in ‚professioneller Beziehung' spiegele. Zudem und zugleich wird ein Teil der Systemverantwortung als ‚Kooperationswilligkeit' oder gar ‚Mitwirkungspflicht' an die anvertrauten psychischen bzw. biophysischen Systeme abgegeben. Diese werden aber zugleich, um die Verwirrung komplett zu machen, immer schon in ihrer systemrelevanten Rolle als Schüler, Patient oder Klient interpungiert.

Auf dieser Basis unklarer Effekte, Wirkungen und Semantiken, die immer multifaktoriell erklärt werden müssen, sofern sie überhaupt erklärt werden können (wenn sie denn überhaupt eintreten), kommt es zu einem siebten Aspekt, der idealtypisch als Kennzeichen lose gekoppelter Systeme notiert werden kann. Es gibt nur wenig Erkenntnisse hinsichtlich *tatsächlicher Systemleistungen*, insbesondere im Abgleich mit theoretisch denkbaren Alternativen. Insgesamt hat sich gerade im Bildungs- und Sozialbereich eine hochfliegende, dabei diffus bleibende Semantik herausgebildet, die unter, in allen Umwelten anerkannten, Signets wie z.B. ‚Bildung' oder ‚Teilhabe', ‚Kind-' oder ‚Lebensweltorientierung' hohe öffentliche Wertschätzung einfordert, einen sachlich-distanzierten Blick auf tatsächliche Systemleistungen wie ‚lernen' oder ‚helfen' aber eher verschleiert als klärt (vgl. GAUS/HOFFMANN/ UHLE 2007).

Erst seit den 1990er Jahren entwickelt sich hierzulande ein zunehmendes Interesse für die Wirkungen des Bildungssystems. Im Rahmen internationaler und nationaler Schulvergleichsstudien (PISA, PIRLS/IGLU, TIMSS, KMK-Ländervergleiche), Vergleichsarbeiten (VERA 3 und VERA 8) sowie der kontinuierlichen Bildungsberichterstattung (Nationaler Bildungsbericht) werden seither unterschiedliche Wirkungen des Systems erhoben. Ziel dieses sogenannten Bildungsmonitorings ist die Verbesserung der Möglichkeiten zur ergebnisorientierten (Selbst-)Steuerung des Systems. Allerdings müssen solche Studien ihrerseits mit letztlich *systemfremden Hilfskonstruktionen* operieren. Hierzu zählen, um nur Beispiele zu nennen, etwa der aus der Psychometrie stammende Begriff des ‚Kompetenzniveaus', das der Ökonomie entliehene Modell der ‚Outcomesteuerung' oder das ebenfalls aus dem Wirtschaftssystem übernommene Kriterium der Förderung von ‚Employability'. Nicht zufällig sind solche Bereiche wie z.B. die musische oder die kulturelle Bildung, ob innerhalb oder außerhalb der Schule, die auf philosophische Traditionen des systemkonstituierenden Bildungsbegriffs verweisen, nicht Gegenstand entsprechender Untersuchungen. Den alten Fragen, was unter gelungener Erziehung, was unter gelingender Bildung zu verstehen sei, ist durch Operationalisierung für die Zwecke empirisch-deskriptiver Forschung allein nicht beizukommen.

Mit diesen sieben Aspekten ist das umrissen, was WEICK mit dem Begriff des *loosely coupled system* meint. Eine lose Kopplung liegt dann vor, „wenn zwei getrennte Systeme entweder nur wenige Elemente gemein haben oder ihre gemeinsamen Variablen im Vergleich mit den das System beeinflussenden Variablen schwach sind" (WEICK 1985, S.163). Zu beachten ist, dass WEICK mit einem anderen Systembegriff als dem hier verwendeten operiert. In der hier verwendeten Terminologie wäre statt von ‚getrennten Systemen' angemessener von

,unterschiedlichen Systemebenen (Interaktions-, Organisations-, Funktionssystem)' zu sprechen.

In lose gekoppelten Funktionssystemen wie dem Bildungssystem folgen die vielfältigen *Organisationssysteme* sehr stark ihrer *Eigendynamik*. Innerhalb dieser Eigendynamik befolgen wiederum die *Interaktionssysteme* eine sehr starke *Eigenlogik*. Anders als etwa im Wirtschaftssystem, in dem eine strikte Managementlogik herrscht, verfolgen im Bildungssystem alle Ebenen, nur lose über Semantiken von ‚Bildung' gekoppelt, ihre je spezifischen Logiken. Darauf baut die Erläuterung lose gekoppelter Systeme auf:

> „*loosely coupled systems* [Hvhbg. i. Orig.] zeichnen sich durch eine beträchtliche Selbständigkeit ihrer Einzelelemente aus, wobei dies sowohl eine hohe Unsteuerbarkeit und Unberechenbarkeit wie andererseits auch eine hohe Flexibilität bei der Einstellung auf neue Umweltbedingungen impliziert. Schließlich gehört es zu den Eigenschaften solcher Systeme, daß Einwirkungen auf oder Änderungen in den einzelnen Subsystemen nicht unbedingt das Gesamtsystem erreichen" [Schlichter: Das Bildungssystem ist] „*Chaos* [Hvhbg. i. Orig.]" (TERHART 1986, S.211f.).

Charakteristisch für das Bildungssystem als lose gekoppeltes System sind demnach mehrdeutige, zum Teil gar widersprüchliche, nur über Semantiken oberflächlich vermittelte Zielsetzungen, unklare oder gar ungenügende Technologien, welche zur Zielerreichung zum Einsatz kommen, der prinzipiell fehlende Zusammenhang zwischen einzelnen Funktionsebenen des Systems, darauf aufbauend, vor allem, nur lose vermittelte strukturierende Funktionselemente. Zwischen dem in bildungspolitischen Slogans verkündeten offiziösen Verkündigungen des Systemzwecks und der alltäglichen Funktions(nicht)erfüllung in der pädagogischen Alltagsarbeit besteht im Effekt nur eine lose Kopplung (vgl. WEICK 1976, 1982; TERHART 1986, S.211ff.; BÖTTCHER/ TERHART 2004, S.7ff.).

4. Strukturelle Kopplungen zwischen Kooperation und Hierarchie, zwischen dezentraler Kontextsteuerung und Okkupation

Bis hierhin wurde deutlich, dass sich in modernen, funktional differenzierten und polikontextural strukturierten Gesellschaften gesellschaftliche Teilsysteme ausdifferenzieren. Diese operieren getrennt voneinander und folgen einer eigendynamischen Entwicklung. Zugleich sind sie aber in vielfacher Weise strukturell gekoppelt. Diese Kopplungen können als Ergebnisse *teilsystemischer Koevolution* aufgefasst werden. Vor diesem Hintergrund kann das Bildungssystem im Verhältnis etwa zur Politik, Wissenschaft oder Familie als relativ autonomes System betrachtet werden. Für das Bildungssystem lassen sich auf allen Ebenen (Interaktion, Organisation, Funktionssystem) jeweils typische Formen struktureller Kopplungen aufzeigen. Ihr gemeinsames Merkmal ist eine lose Form der Kopplung. Loose coupling kann als Spezifikum des Bildungssystems und anderer, auf Menschenänderung spezialisierter, Systeme gelten.

In der neueren Systemtheorie treten die Begriffe Autopoiesis und strukturelle Kopplung an die Stelle des älteren soziologischen Begriffspaars Differenzierung und Integration. Strukturelle Kopplungen gewährleisten aus systemtheoretischer Perspektive die *interne Integration* von komplexen Funktionssystemen sowie die *gesellschaftliche Systemintegration* insgesamt (vgl. SCHIMANK 2007, S.131; ebd. 2005, S.191ff.). Speziell bezogen auf das Bildungssystem sichern etwa die strukturellen Kopplungen zwischen den einzelnen Bildungseinrichtungen die interne Integration des Funktionssystems, die Kopplungen nach außen mit anderen gesellschaftlichen Funktionssystemen wie vor allem Familie, Politik und Wirtschaft gewährleisten die Integration in das Gesamtsystem der Gesellschaft.

Wie eingangs erwähnt, gelten LUHMANN strukturelle Kopplungen als potenziell störungsanfällig, da sie in der modernen Gesellschaft zwischen jeweils eigendynamischen Systemen vermitteln. Demnach ist gesellschaftliche Integration nur denkbar als *labiles Gleichgewicht* der Kräfte, als „Vermeidung des Umstands, daß die Operationen eines Teilsystems in einem anderen Teilsystem zu unlösbaren Problemen führen" (LUHMANN 1977, S.242). Solche Probleme in den strukturellen Kopplungen des Bildungssystems können nach UWE SCHIMANK etwa auf der Ebene von Leistungsbeziehungen auftreten. So könnte das Bildungssystem gemessen am Bedarf der Wirtschaft zu wenige Akademiker produzieren. Oft ist aus dem Wirtschaftssystem auch zu hören, das Bildungssystem produziere Absolvent/-innen mit Abschlüssen von Fachrichtungen, für die kein Bedarf besteht. Auch können andere gesellschaftliche Funktionssysteme wie z.B. Gesundheit oder Militär einen derart hohen Finanzbedarf aufweisen, dass das Bildungssystem zu kurz kommt (vgl. SCHIMANK 2007, S.131).

Kopplungsprobleme können auch in der Steuerungsbeziehung mit dem politischen System auftreten. Die lose Kopplung des Bildungssystems führt nicht selten dazu, dass politische Steuerungsvorgaben *nicht* die Ebene der einzelnen Klassenzimmer *erreichen* oder aber dort zu *nicht intendierten Wirkungen* führen. Erstgenannter Fall ist z.B. in allen Prozessen zu beobachten, in denen Bildungspolitik über die Einführung von Curricula oder Bildungsplänen immer wieder Anforderungen an Lehrkräfte richtet, bestimmte Inhalte in bestimmter Weise im Unterricht zu behandeln; eine Aufforderung, der grosso modo im realen Unterricht in der Mehrzahl der Fälle durch Nichtbeachtung begegnet wird. So kommt es zu Diskrepanzen zwischen dem sogenannten intendierten und dem realisierten Curriculum, die etwa durch Schulleistungsstudien als Qualitätsproblem des Bildungssystems sichtbar wurden. Ein Beispiel für den zweiten Fall der nicht intendierten Wirkungen ist das allen Lehrer/-innen, Eltern und Schüler/-innen bekannte Phänomen des ‚teaching to the test' in Reaktion auf Entwicklungen des Bildungsmonitorings; in Bezug z.B. auf das US-amerikanische Bildungssystem konnten solche nicht intentionalen Folgen intentionaler Systemsteuerung inzwischen empirisch nachgewiesen werden (vgl. LIND 2009).

Die unterschiedlichsten strukturellen Kopplungen zwischen Systemen können *gelingen* oder *misslingen*, letzteres, wenn Systeme sich negative Umwelten bereiten bzw. Friktionen in Steuerungsbeziehungen auftreten. Im Rahmen eines evolutionstheoretischen Ansatzes nach LUHMANN sind die Probleme des Misslingens nicht weiter von Interesse, wie SCHIMANK pointiert zusammenfasst:

„Beide Arten von Problemen sind als chronische Schwächen in der Selbstreferenzialität der binären Codes angelegt; und die moderne Gesellschaft muss zufrieden sein, wenn dafür gesorgt ist, dass beides nirgends allzu lange zu weit getrieben wird. Auch eine Garantie dafür, dass die gesellschaftliche Systemintegration so auf

Dauer aufrechterhalten bleibt, gibt es nicht. Bis jetzt ist es immer gutgegangen: Irgendeine Zuversicht über die Zukunft darf die moderne Gesellschaft daraus nach Luhmann nicht extrapolieren" (SCHIMANK 2007, S.131).

Eine Systemtheorie, die strikt LUHMANN folgt, betont eine solche evolutionäre Position. Im Unterschied zu einer solchen eher orthodox-doktrinären Sichtweise wird hier eine andere Perspektive vorgeschlagen. Sie berücksichtigt die neueren Positionen sowohl *akteurstheoretischer* wie auch *steuerungstheoretischer* Auffassungen und Forschungen; etwa im Anschluss an SCHIMANK und HELMUT WILLKE. Dementsprechend wird hier davon ausgegangen, dass das Wissen um die Schwierigkeit von strukturellen Kopplungen die Arbeit an deren Koordinierung optimieren kann. Das Bewusstsein für Spannungen und mögliche Probleme in den strukturellen Kopplungen speziell des Bildungssystems ist bildungswissenschaftlich, bildungspolitisch und pädagogisch-praktisch zentral, um auf allen Systemebenen im Bewusstsein möglicher Wirkungen und Nebenwirkungen Entscheidungen treffen zu können. Es ist daher eine wichtige Forschungsaufgabe, mehr systematisches und empirisch gesichertes Wissen über die Abstimmung des Bildungssystems mit seinen relevanten Umwelten in Erfahrung zu bringen.

Steuerung bzw. intersystemische Koordination ist dabei aber nicht naiv als Intervention zu begreifen. Der Gedanke der Machbarkeit der sozialen Wirklichkeit scheitert an der Eigendynamik und operativen Geschlossenheit von Systemen – eine Grundeinsicht der sich selbst beobachtenden, reflexiv gewordenen Moderne. Benötigt werden daher Formen der *balancenbewussten* Beschreibung und Analyse von strukturellen Koppelungen. Eine möglicherweise hilfreiche Unterscheidung kann hier die Differenz zwischen kooperativen Kopplungen und hierarchischen Kopplungen im Sinne von „dezentraler Kontextsteuerung" (WILLKE 1989, 2001) sein, deren Gelingen jeweils von der Balance zwischen Selbst- und Fremdregulation abhängt.

4.1 Kooperative Kopplungen

Kooperative Kopplungen sind auf *allen Ebenen* des Bildungssystems alltägliche Notwendigkeit. Auf der Ebene der schulischen Interaktionssysteme muss ein Ausgleich gelingen zwischen den Belangen des Unterrichts und denen von Klassenfahrten, Theaterbesuchen und Projektwochen, zwischen Kompetenzaufbau und Qualifikationsüberprüfung, usw. Auf der Ebene der schulischen Organisationssysteme muss der Ausgleich gelingen zwischen den Raumbedarfen pädagogischer Innovationskonzepte und den Raumvoraussetzungen von Fächern und Klassen, zwischen Organisationsbedarfen der Schulleitung und Freiheitsgraden der Fachlehrer, usw. Auf der Ebene des Bildungssystems als Funktionssystem muss der Ausgleich gelingen zwischen den Funktionen von Qualifikation, Selektion, Integration und Legitimation, zwischen unterschiedlichen Bildungsinhalten, usw.

Noch weitergehend wird das Problem erkennbar, wenn auf die *Umweltbeziehungen* des Bildungssystems geschaut wird. Auch dort sind vielfältige kooperativ gestaltete strukturelle Kopplungen als notwendige Größen gelingender Koevolution erkennbar. Soll etwa das Konzept einer Produktionsschule für leistungsschwache Schüler/-innen mit Leben gefüllt werden, so ist die Kopplung von schulischen Angeboten mit Aspekten des Wirtschaftssystems und Betreuungsangeboten des Systems Sozialer Hilfen notwendig. Für die weitergehende Verknüpfung von Angeboten frühkindlicher Bildung, Erziehung und Förderung ist die Kopplung von Bildungssystem und Familiensystemen mit Angeboten des Systems sozialer Hilfen und, ggf., des Gesundheitssystems vonnöten usw.

Solche kooperativen Kopplungen können beträchtliche Komplexität entwickeln. Im Extremfall kann diese so weitreichend sein, dass Systeme sich beinahe unentrinnbar miteinander verknüpfen. Ein Beispiel höchst komplexer strukturellen Kopplungen ist etwa die *Lehrerausbildung*. Diese ist einerseits eines der wesentlichen Fundamente des Hochschulbetriebes und der Forschung in vielen Disziplinen, andererseits und zugleich aber auch grundlegende Basis eines funktionierenden Schul- und, weitergehend, des gesamten Bildungssystems.

Eine der relevantesten aller bildungshistorisch bekannten kooperativen Kopplungen war die seit dem frühen 19. Jahrhundert sich durchsetzende *Einheit von Forschung und Lehre*. Aus dieser folgten im Verlauf der Hochschulgeschichte neben den akademischen Promotions- die berufsqualifizierenden Staatsexamens- und schließlich Diplomprüfungen. So ist das Organisationssystem Hochschule im Effekt zugleich Teil des Wissenschaftssystems und des Bildungssystems. Als Teil des Wissenschaftssystems dient die Organisation Hochschule der Forschung, kommuniziert über die Codierung wahr/unwahr. Als Ausbildungsstätte dient sie zugleich der Lehre, kommuniziert über die Codierungen gutes/schlechtes Lernen (Lernen/Nichtlernen) bzw. vermittelbar/nicht vermittelbar.

Diese doppelte Codierung wird im Bereich der Lehrerausbildung ihrerseits verdoppelt, insofern Hochschule einerseits – als Teil des Bildungssystems – dessen Selbstreproduktion über die Ausbildung von Lehrer/-innen sicherstellt, andererseits – als Teil des Wissenschaftssystems – dessen Selbstreflexion anregt. So operieren im Effekt das Bildungs- und das Wissenschaftssystem in diesem Bereich zwar einerseits prinzipiell autonom. Sie stellen sich aber andererseits wechselseitig ihre je spezifische Funktionslogik als Bedingung der jeweiligen Dauerhaftigkeit des jeweils anderen Systems zur Verfügung. So, wie das Schulsystem mit seinem steten Bedarf an Lehrer/-innen ganzen Disziplinen im Wissenschaftssystem die Existenzberechtigung sichert, sichert das als Teil des Bildungssystems Lehrkräfte hervorbringende Hochschulsystem als Teil des Wissenschaftssystems mit seiner Funktionslogik der Produktion wahrer Aussagen dem Bildungssystem einen zentralen Bereich seiner relativen Autonomie.

Unterhalb der Ebene der Funktionssysteme führen solche horizontalen Kopplungen auf der Ebene der Organisationssysteme zu *noch komplexeren Kopplungen*. Ein anschauliches Beispiel ist hierfür die aktuell in der Bundesrepublik durchzuführende Reform der *Ausbildung von Grund- und Hauptschullehrern*. Verschiedene Systeme stehen in diesem Feld einander als Umwelten gegenüber. Gerade aktuell ist zu beobachten, wie diese Systeme versuchen, sich neu strukturell zu koppeln. Da stehen Berufsverbände und Gewerkschaften, die seit über anderthalb Jahrhunderten die volle Statusangleichung mit den vollakademisch ausgebildeten Gymnasiallehrern fordern. Der historisch letzte Schritt ihres Kampfes war mit der Anhebung von Pädagogischen Hochschulen zu bzw. deren Eingliederung in Universitäten getan. Hier war ein formaler Kompromiss gefunden, der einen nichtuniversitären, berufsqualifizierenden Kurzstudiengang an einer Universität situierte. Damit waren die Organisationssysteme berufsständischer Interessen nie zufrieden. Derzeit ist eine Situation eingetreten, in der die Organisationssysteme der Hochschulen im internationalen Angleichungsprozess von Bachelor- und Masterstrukturen einen insgesamt fünfjährigen Kursus des Arbeitsaufwandes von 300 Credit Points zum vollwertigen Studium über alle Fächer hinweg erklären. Damit ist die Struktur von Kurzzeitstudiengängen an Universitäten obsolet geworden. Zugleich machen internationale Schulvergleichsstudien einerseits Schwächen im bundesrepublikanischen Schulsystem deutlich. Andererseits zeigen sie, insbesondere in der Rezeption von JOHN HATTIE Synthese von über 800 Meta-Analysen zur Beeinflussung des Lernverhaltens, dass guter Unterricht zentral von didaktisch gut ausgebildeten und handlungsfähigen Lehrern abhängt (vgl. HATTIE 2013). Wieder andererseits gibt es aber einen Einfluss des Wirtschaftssystems, welches wachsende Effektivität des Bildungssystems mit kostenneutraler Effizienz erreicht wissen möchte.

Im Ergebnis zeichnet sich eine vertikal ausgehandelte Kopplung ab, die alle typischen Anzeichen eines *formalen Kompromisses* zeigt. Einerseits – die berufsständischen Interessen der Grund- und Hauptschullehrer wie die Bologna-Kriterien gleichermaßen berücksichtigend – werden die Ausbildungsgänge zu fünfjährigen Vollkursen. Andererseits – die berufsständischen Interessen der Gymnasiallehrer berücksichtigend und dafür die vieldiskutierte Synthese von Metaanalysen zum effektiven Unterricht von JOHN HATTIE spezifisch interpretierend – werden diese angepassten Kurse nicht fachwissenschaftlich-fachdidaktisch, sondern kompetenzorientiert-diagnostisch ausgerichtet. Darüber hinaus – wirtschaftliche Logiken aufnehmend – enthalten diese neuen Studienprogramme lange Praxisphasen. Dadurch wird sowohl der Statusabstand zu den Gymnasiallehrern gewahrt als auch die Ausbildungsreform kostenneutral gehalten, indem faktisch Inhalte der zweiten praktischen Ausbildungsphase von den Lehrerseminaren abgezogen werden und kurzerhand zu theoretischen Studieninhalten erklärt werden.

Solche Befunde sind nicht verallgemeinerbar, sondern in jedem Feld gesondert zu erheben. Ein anders gelagerter Fall wäre etwa die Entwicklung der sogenannten ‚Sozialarbeitswissenschaft' an sozialpädagogischen/sozialarbeiterischen Fachhochschulen. In den 1960er Jahren bis 1971 wurden im Rahmen von Prozessen der Umweltveränderung aufgrund der gebotenen Rechtsangleichung im Raum der Europäischen Wirtschaftsgemeinschaft alle Höheren Fachschulen, somit auch die Jugendwohlfahrts- und die Fürsorge-Schulen, in Fachhochschulen umgewandelt. Es entstanden somit plötzlich qua Rechts- und Verwaltungsakten sozialpädagogische und sozialarbeiterische Ausbildungsinstitute auf formal akademisiertem Niveau. Diese Organisationen mussten einerseits, in ihrer Funktion als *Fach*schulen, weiterhin eine Berufslehre bieten, sie mussten sich aber andererseits, in ihrer

Rolle als *Hoch*schulen, im System einer disziplinären Wissenschaftsgliederung verorten. Im Gefolge weiterer Umweltveränderungen entwickelte sich zudem seit den 1970er Jahren im Sozial- wie im Bildungssystem ein Arbeitsmarkt, der Absolvent/-innen solcher Einrichtungen sowohl als pädagogisches wie als helfendes Subalternpersonal nachfragte. Für die Aufgabenübertragung aber war die Behauptung einer fachlichen Expertise gegenüber den relevanten Umwelten des Rechtssystems, des politischen Systems, der Familiensysteme, des Gesundheitssystems, des Sozialsystems, des Bildungssystems und des Wirtschaftssystems von zentraler legitimatorischer Bedeutung. Zugleich aber wurde an den neuen Fachhochschulen für Sozialwesen die alte Trennung von jugendpflegerisch-sozialpädagogischen und fürsorgerisch-sozialarbeiterischen Schulen aufgehoben. Die Behauptung einer Sozialarbeitswissenschaft, außerhalb der entsprechenden Fachhochschulen nicht anerkannt, wenn nicht gänzlich unbekannt, koppelt alle diese Bedarfe und Problemkomplexe strukturiert zusammen. Dieses intern, im Verkehr zwischen sozialarbeiterischen Fachhochschulen, sowie extern, im Verkehr mit Anstellungsträgern, strukturell koppelnde Konstrukt einer sich disziplinär gerierenden Berufskunde erreicht aber, wird sie mit den Fächern der Lehrerbildung verglichen, weder die disziplinäre Anerkennung durch das Wissenschaftssystem noch die Anerkennung ihrer Praxisrelevanz durch das System sozialer Hilfen. Gerne wird für den internen Verkehr beschworen, die Sozialarbeitswissenschaft sei eine „entwickelte sozialwissenschaftliche Disziplin", die mitnichten unter Gegenstands-, Theorie- und Methodenunklarheit leide, sondern sich vielmehr durch dynamische Theoriediskurse auszeichne (FÜSSENHÄUSER/THIERSCH 2011, S.1640).

Solche Fantasien der Selbsterhöhung sind wissenschaftssoziologisch *irrelevant*. Klar ist, dass dieser sich disziplinär gerierenden Berufskunde beileibe nicht die hohe Verbindlichkeit etwa der Lehrerbildung zukommt. Dieses liegt daran, dass sie weder den disziplinären Codierungen des Wissenschaftssystems noch den professionellen Codierungen des Systems beruflich betriebener Sozialer Hilfen genügt. Das System sozialer Hilfen funktioniert genauso gut ohne diese Verkopplung wie das Wissenschaftssystem sehr gut ohne sie auskommen kann. Insbesondere die verantwortlich-konzeptionellen Tätigkeiten im Sozialbereich wie die entsprechenden grundlegenden Forschungen im Wissenschaftsbereich werden nach wie vor und selbstverständlich von

Lehrer/-innen, Erziehungswissenschaftler/-innen, Soziolog/-innen und Psycholog/-innen übernommen sowie durch und in deren Bezugswissenschaften reflektiert.

Es zeigt sich also, um es bei diesen beiden Beispielen zu belassen, dass vertikale strukturelle Kopplungen für das Bildungssystem auf allen Ebenen von *konstitutiver Bedeutung* sind. Zugleich aber machen diese Beispiele schon klar, dass sie aus pädagogisch-erziehungswissenschaftlicher Sicht niemals nur rein formal zu betrachten, sondern immer auch inhaltlich konkret zu analysieren sind. Dieses formal gleichlautende Urteil ist freilich für jeden einzelnen Fall im und für jede gesonderte Ebene des Bildungssystems jeweils spezifisch historisch und systematisch, bezogen auf die empirisch zu erhebende Struktur- und Prozessebene ebenso wie auf die theoretisch aufzuhellende Diskurs- und Semantikebene zu rekonstruieren. Erst in der konkreten Analyse nämlich zeigt sich, dass und wie in jedem einzelnen Fall, bei allen übergreifenden Analogien der Strukturen und Prozesse, solche Kopplungen zum Gelingen oder zum Misslingen von systemischen Funktionen beitragen können.

Deutlich wird an diesen Beispielen, dass ‚Gelingen' und ‚Misslingen' dabei durchaus *interpretationsbedürftige Größen* sind: So ‚gelingt' es dem derzeit absehbaren Formelkompromiss einer für die nächsten Jahre geltenden Lehrerausbildung, Interessen unterschiedlichster Umwelten zu befriedigen. Es ‚misslingt' aber zugleich erneut, übergreifende Strukturen und Prozesse einer fächer- und schulformübergreifenden ‚Schulpädagogik' als Disziplin zu festigen. So ‚gelingt' es einer Sozialarbeitswissenschaft, die Balance zwischen einer Ausbildungslehre, einer ‚Berufskunde', einerseits und den Anforderungen der Umwelten an eine zumindest der Form nach gegebene gewisse ‚Wissenschaftlichkeit' sozialarbeiterischer Ausbildung andererseits herzustellen. Es ‚misslingt' aber zugleich, dem System sozialer Hilfen tatsächlich ein Reflexionssystem zur Seite zu stellen, wie es etwa dem Bildungssystem oder dem Rechtssystem in Form tatsächlicher universitärer Disziplinen zur Verfügung steht.

4.2 Hierarchische Kopplungen – dezentrale Kontextsteuerung

Bis hierher wurde der Gedanke einer Balance zwischen Fremd- und Selbstreferenz als konstitutivem Kennzeichen des Bildungssystems entfaltet. Er wurde entlang von Beispielen vertikal gleichordnender Kopplungen zwischen dem Bildungssystem und seinen Umwelten entfaltet. Die strukturelle und prozedurale Notwendigkeit solcher Kopplungen kennzeichnet aber, um einen weiteren Aspekt hinzuzufügen, nicht nur kooperative, sondern auch *hierarchische Kopplungen* zwischen Systemen (Steuerungsbeziehungen). Diese sollen hier in einem nächsten Schritt thematisiert werden.

Systemtheoretische Grundeinsicht nach LUHMANN ist die Aussichtslosigkeit einer gezielten und wirkungssicheren *Intervention* des politischen Systems in andere gesellschaftliche Teilbereiche unter den Bedingungen hochkomplexer moderner Gesellschaften. Demnach sei das Konzept von Politik als übergeordneter Schaltstelle der Gesellschaftssteuerung lediglich als eine Selbstbeschreibung (‚Reflexion') der Politik anzusehen, die vor allem deren eigener Legitimation diene (vgl. LUHMANN 2008). Wird dieser Annahme gefolgt, so stellt sich die Frage, wie das politische System unter den Bedingungen einer komplexen Moderne überhaupt noch in dem ihm eigenen Medium der ‚Macht' die ihm spezifische Funktion der ‚Herstellung kollektiv bindender Entscheidungen' erfüllen kann. Da insbesondere die Funktionssysteme – etwa das Gesundheitssystem, das Rechtssystem, das Wirtschaftssystem, das Kunstsystem, das Wissenschaftssystem oder eben auch das Bildungssystem – entsprechend systemtheoretischer Grundannahme operativ geschlossen und autopoietisch funktionieren, erscheint als logische Konsequenz eine direkte Eingriffsleistung des politischen Systems als prinzipiell nicht möglich (vgl. REESE-SCHÄFER 2011).

In der hier präferierten akteurstheoretischen Weiterentwicklung des Gedankens nach WILLKE werden demgegenüber durchaus Steuerungsmöglichkeiten des politischen Systems auf allen seinen Ebenen konstatiert, wenn auch nur indirekt. Einerseits geht WILLKE zwar, darin mit systemtheoretischer Tradition übereinstimmend, davon aus, dass in funktional-differenzierten Gesellschaften Steuerung aufgrund der Autopoiesis und der Interdependenz der Teilsysteme tatsächlich nicht mehr als „hierarchisch-direktive Abhängigkeit- und Steuerungsbeziehung" (WILKE 1989, S.50) begriffen werden kann. Andererseits aber, sich darin von LUHMANN distanzierend, betont er sehr wohl die Möglichkeit von Steuerung als Anregung und Unterstützung zur Selbstveränderung selbstreferenzieller Systeme. Hierfür, so der im Folgenden vorzustellende Ansatz, ist die Möglichkeit der Politik zur *dezentralen Gestaltung von Kontextbedingungen* einer gesonderten Betrachtung zu unterziehen (vgl. z.B. WILLKE 1989, 2001).

Dezentrale Kontextsteuerung ist eine Form der *hierarchischen* Kopplung zwischen Systemen. Sie hat sich in modernen Gesellschaften überall dort als Vermittlungsphänomen entwickelt, wo Durchgriffskausalitäten eines Umweltcodes – am Beispiel des politischen Systems also demjenigen der ‚Macht' – nicht greifen. Sie fokussiert die Balance von „reflexive(r), dezentrale(r) Steuerung der Kontextbedingungen aller Teilsysteme" und „selbstreferenzielle(r) Steuerung jedes einzelnen Teilsystems" (WILLKE 1989, S.58).

Damit zielt dezentrale Kontextsteuerung auf die Gestaltung von *Rahmenbedingungen*. Solche können die Systeme als Anregungen zur Selbstveränderung interpretieren. Folgen sie diesem Angebot, so können sie mit veränderten Operationen reagieren (vgl. WILLKE 1989, S.45f.). Aufgrund dieser Eigenaktivität und Eigenlogik der Systeme in ihren komplexen Bedingungsgefügen aber können jene Anregungen jederzeit nicht vom politischen System intendierte Folgen zeitigen. Dezentrale Steuerung ist daher, aus der Perspektive des politischen Systems, von ihrer Funktionslogik her umso wirkungsvoller, desto eher sie bereits im System vorhandene Entwicklungstendenzen bzw. innersystemischen Problemdruck aufgreift und pro-aktiv impliziert.

Auch dieser Gedanke, dass die Systembildungsprozesse im Zuge der Modernisierung weg von einem strikt linear aufgefassten hierarchisch-interventionistischen zum einem zwar hierarchisch aufgefassten, jedoch relativ offener vorschlagenden kontextsteuernden Paradigma führen, kann wiederum an Beispielen illustriert werden. Im oben angedeuteten Systembildungsprozess kam einer eher hierarchisch-interventionistischen strukturellen Koppelung des Bildungssystems mit dem *politischen System* zunächst eine besondere Bedeutung zu. Der westeuropäische Modernisierungsprozess ist an seinem Anfang gekennzeichnet durch die Herauslösung von ‚Bildung' aus partikularen Strukturen und lebensweltlichen Bezügen sowie durch deren *Monopolisierung und Universalisierung* in staatlich gesteuerten Organisationen. Erst die Zuweisung solcher Monopol- und Universalfunktionen der Enkulturation, Qualifikation, Allokation und Stratifizierung gab dem Bildungssystem Bedeutung, Dauer und Struktur. Diese These angenommen, stellt sich die Frage nach dem Verhältnis zwischen Steuerung des Bildungssystems durch das politische System und Autopoiesis des Bildungssystems.

Auf der einen Seite ist der Anfangsimpuls dieses Verhältnisses zu konstatieren. Hier ist, gerade für die deutschen Staaten, für Zeit vom 18. bis zum frühen 19. Jahrhundert ein klarer Anspruch des politischen Systems erkennbar. Die Impulse zum Aufbau und zur Vernetzung eines gestuften und gegliederten Schulsystems gingen von der Ebene der Universitäten bis hinunter zu derjenigen der entstehenden Volksschulen ursprünglich klar aus *politischen Direktiven* hervor. Es ist für die deutschen Staaten eine klare Tendenz zur politisch gewollten und durchgesetzten Pädagogisierung gesellschaftlicher Problemlagen des Modernisierungsrückstandes zu konstatieren (vgl. MÜLLER 1981; THIEL 1996, S.22f.).

Nur in diesem Zusammenhang begann Bildungspolitik, die sich als Disziplin konstituierende Pädagogik wahrzunehmen. Die Entfaltung des Faches als Disziplin wäre ohne das politische System *nicht möglich* gewesen. In diesem übergreifenden Prozess der Herausbildung eines eigenen Handlungssystems von Erziehung, Unterrichtung und Bildung erhoffte sich das politische System ein darauf bezogenes, dieses anleitendes Reflexionssystem. Dieses sollte in der Lage sein, politische Steuerungsimpulse für System- und Umweltgestaltung theoretisch-wissenschaftlich durchdenken zu können. So entstand, übrigens auch in Europa und Nordamerika, im 19. Jahrhundert ein politisches Verständnis von akademischer ‚Staatspädagogik' (vgl. TRÖHLER 2006, S.505). Im Laufe des Prozesses der Systemdifferenzierung sowie der Ausdifferenzierung der System-Umwelt-Beziehungen wandelte sich jedoch dieses Verhältnis.

Dieser weitere Wandel ist zum einen aus der Systemlogik der Gesellschaft herzuleiten. In der funktional differenzierten Gesellschaft des 20. Jahrhunderts war politische Steuerung aufgrund der Autopoiesis und der Interdependenz der Teilsysteme nicht mehr als „hierarchisch-direktive Abhängigkeit- und Steuerungsbeziehung" (WILKE 1989, S.50) zu begreifen. Diese Aussage kann bildungshistorisch etwa durch den Hinweis auf den Systemvergleich zwischen den Bildungspolitiken der Bundesrepublik und der DDR verdeutlicht werden. In der DDR blieb die Vorstellung und Praxis direkter politischer Intervention in das Bildungssystem hinein virulent. Im Effekt ist nicht nur für die DDR als ganze, sondern auch für ihr Bildungssystem der komplette Zusammenbruch zu konstatieren. Unter den Bedingungen moderner Gesellschaften sind Interventionen durch das politische System faktisch nur mehr als Anregung und Unterstützung zur Selbstveränderung selbstreferenzieller sozialer Systeme möglich. Dabei können solche Anregungen jederzeit aufgrund komplexer Bedingungszusammenhänge auch *nicht intendierte Folgen* zeitigen.

Aufgrund dieses Risikos neigt das politische System in der Moderne in der Mehrzahl der Fälle zu einem dosierten Machteinsatz, der sich neuer, anderer Mittel bedient. Unter den komplexen Bedingungen von *Polikontextualität* sind Interventionen umso wirkungsvoller, desto eher bereits im System vorhandene Entwicklungstendenzen bzw. innersystemischer Problemdruck politisch aufgegriffen werden.

Dieses eben ist der Punkt, dessenthalben WILKE die *dezentrale Kontextsteuerung* als Idealtyp politischer Intervention in der funktional differenzierten Gesellschaft benennt. Mit diesem theoretischen Konstrukt beschreibt er die Balance von „reflexive(r), dezentrale(r) Steuerung der Kontextbedingungen aller Teilsysteme" und „selbstreferenzielle(r) Steuerung jedes einzelnen Teilsystems" (ebd., S.58). Politische Steuerung in der Moderne kreist um dieses Gleichgewicht von Intervention in die und Autonomie der Teilsysteme; zu große Abweichungen führen zu gesellschaftlichen Friktionen, so z.B. zu politischen Übergriffen auf die Autonomie der gesellschaftlichen Teilsysteme einerseits oder Regressionsschleifen von teilsystemischer Selbstreferenz andererseits.

Damit ist dieser Wandel andererseits auch in Bezug auf die Systemlogik des Bildungssystems zu erläutern. Kontextsteuerung erfordert auf Seiten des intervenierten Systems *Rekontextualisierung*, d.h. die Auslegung, Modifizierung oder Ablehnung politischer Interventionen vor dem Hintergrund der Handlungsbedingungen im jeweiligen System. So setzt z.B. die öffentliche Hand der Gegenwart durch Ausbildungsverordnungen für Lehrer, durch Lehrpläne für Schüler, durch Ressourcenzuweisungen und rechtliche Rahmungen für den Schulbetrieb, durch zugelassene Lehrbücher für den Unterrichtsbetrieb, etc. permanent Rahmenvorgaben. Mit diesen Vorgaben müssen die Organisationen des Bildungssystems umgehen. Solche Vorgaben engen den Rahmen ein, der permanent innersystemisch interpretiert, zurückgewiesen oder ausgestaltet werden muss. Umgekehrt gilt aber auch: Sie setzen erst den Rahmen, innerhalb dessen innersystemisch kohärent geplant, agiert und evaluiert werden kann. Gerade dieser Rahmen sichert das Bildungssystem gegen Übergriffe aus seinen Umwelten.

Insofern nimmt es nicht wunder, dass diese ‚funktionale' Autonomie zu nennende Relation zwischen politischem und schulpädagogischem System auch etwa von der geisteswissenschaftlichen Pädagogik nach WILHELM FLITNER und HERMAN NOHL, ebenso auch aus ganz anderer Tradition, von der französischen Soziologie von DURKHEIM bis PIERRE BOURDIEU in einzelnen Akzenten unterschiedlich, aber in der großen Linie analog, als Spannungsfeld der *relativen* Autonomie, aber eben auch von der relativen *Autonomie* von Schule diskutiert wird (vgl. TENORTH 2004, S.115).

Das Konzept der hierarchisch-dezentralen Kontextsteuerung kann insbesondere mit Blick auf *lose gekoppelte Systeme* wie das Bildungssystem hohe Plausibilität und Überzeugungskraft beanspruchen. Aus theoretischer Begriffsarbeit wie aus den Ergebnissen historisch-empirischer Bildungsforschung ergibt sich nämlich, dass eine direkte Durchgriffssteuerung mit der Dauer der Systementwicklungsprozesse als immer weniger möglich erscheint. Wenn in modernen, funktional differenzierten Gesellschaften überhaupt Steuerungsimpulse des politischen Systems im Bildungssystem verfahrensändernde Irritationen hervorrufen können, so geschieht dieses nur in dem Fall, dass Politik sich des Mediums avisierter Kontextsteuerung bedient.

Empirisch zeigt das Bildungssystem eine hohe *Eigendynamik*, die sich erst nachträglich über die Beobachtung langfristiger Tendenzen erschließen lässt. Empirisch belegt sind etwa die Eigendynamik des wachsenden Bildungssystems, das in Wellen wächst, oder die Eigendynamik von Überfüllungs- und Mangelkrisen im Zusammenspiel von Bildungs- und Beschäftigungssystem (vgl. NATH, 2003; NATH/DARTENNE 2008; TITZE 1990, 1999, 2003).

Aus *theoretischer* Perspektive ist relevant, das sich lose gekoppelte Systeme aufgrund der ihnen inhärenten chaotischen Strukturen und Prozesse schon aus sich selbst heraus grundsätzlich direkter Durchgriffssteuerung verweigern. Diese Aussage gilt sogar schon für die Ebene der internen Selbststeuerung solcher Systeme.

Dieses Problem erläutert TERHART am Beispiel der Probleme rund um ‚Schulqualität' und ‚Schulentwicklung', wie sie in den späten 1980er Jahren ins Bewusstsein rückten. Will eine Schulleitung im Kollegium Veränderungen durchsetzen – mithin ‚politisch' interagieren –, so hat das Interaktionsgeschehen Schulleitung-Kollegium in aller Regel nur äußerst wenig mit dem – im besten Falle – didaktisch-methodisch hergeleiteten Interaktionssystem Unterricht im einzelnen Klassenzimmer zu tun. Schon diese Ebenen *innerhalb* des Bildungssystems sind also nur lose miteinander verkoppelt. Von daher bekommen die unterschiedlichen Entscheidungsebenen und Entscheidungssituationen, am Beispiel derjenigen einer grundlegenden Strukturausrichtung der Institution einerseits und einer pragmatischen Unterrichtsplanung in der Klasse andererseits, kaum miteinander zu tun (vgl. TERHART 1986, S.212f.). Bestenfalls, im Falle einer ‚guten Schule', kommt es zu strukturellen Kopplungen, durch welche die Erwartungshorizonte der unterschiedlichen Ebenen über Semantiken vermittelt und wechselseitig in Rückmeldeschleifen integriert werden.

Tendenzen sind erkennbar, dass Bildungspolitik selber diesen Zusammenhang erkannt hat: Sind noch aus den späten 1960er und frühen 1970er Jahre Ansätze einer ‚Bildungsgesamtplanung' bekannt, die so auch von der Politik selber benannt wurde, so hat sich seit den späten 1980er und insbesondere seit den 1990er Jahren die Lage europaweit grundlegend gewandelt. Bildungsmonitoring, Bildungsstandards, Bildungsberichterstattung, Bildungsnetzwerke, Bildungslandschaften, educational gouvernance, Ziel-Leistungs-Vereinbarungen im Rahmen politischer Globalzielsteuerung können als *neue kontexuelle Kopplungsangebote* staatlicher wie kommunaler Bildungsplanung verstanden werden. Diese sind an die Stelle einer als gescheitert erkannten Durchgriffstrategie der Bildungsgesamtplanung getreten.

Auch die Bildungssoziologie hat sich dieses Zusammenhangs angenommen. Dort wird in jüngerer Zeit die Diagnose einer mit großer Wahrscheinlichkeit scheiternden politischen Durchgriffssteuerung mit dem Konzept der *Rekontextualisierung* modelliert (vgl. FEND 2008, S.27). Der Begriff der Rekontextualisierung meint, dass gelingende politische Kontextsteuerung auf den verschiedenen Ebenen des Bildungssystems die Auslegung, Modifizierung oder Ablehnung politischer Interventionen vor dem Hintergrund der jeweiligen Systembedingungen und -rationalitäten voraussetzt.

Beispielsweise setzt der Staat durch Ausbildungsverordnungen für Lehrkräfte, Lehrpläne, Ressourcenzuweisungen, Bildungsstandards oder zugelassene Lehrbücher Rahmenvorgaben. Mit diesen Vorgaben müssen die Organisationen des Bildungssystems umgehen. Sie müssen diese permanent innersystemisch interpretieren, zurückweisen oder aber ausgestalten. Interessant und relevant ist dabei, dass *neuere politische Steuerungsinstrumente* wie etwa Bildungsstandards von vorneherein große Spielräume zur kreativen Auslegung und Anwendung durch die Organisationen im Bildungssystem aufweisen (vgl. DRIESCHNER 2009; BREMERICH-VOß 2009, S.21). Ohne diese Interpretationsspielräume wäre das Ziel einer passgenauen Umsetzung des schulischen Bildungsauftrags an die Lernvoraussetzungen der Schüler/-innen vor Ort von vornherein zum Scheitern verurteilt.

4.3 Politische Anregung kooperativer Kopplungen

Vertikal gleichordnende kooperative Kopplungen des Bildungssystems (vgl. Abschnitt 4.1) werden nicht selten durch hierarchisch vorgebende dezentrale politische Kontextsteuerung angeregt (vgl. Abschnitt 4.2). So entstehen etwa Kooperationen von Schulen und Sportvereinen nicht immer aus der Eigeninitiative der jeweiligen Organisationen. Wahrscheinlicher ist es, dass beide Seiten im Rahmen politischer Initiativen etwa zur Errichtung von Ganztagsschulen zur Kooperation animiert werden. Damit werden einerseits Sportvereinen z.B. finanzielle Anreize und Möglichkeiten zur Mitgliederwerbung geboten, andererseits wird Schulen die Möglichkeit eröffnet, Sportangebote auslagern zu können und dadurch Entlastung bei der Angebotsplanung zu erlangen. Diese politisch neu vermittelten kooperativen Kopplungen können gelingen, sie können sich aber durchaus auch als spannungsreich erweisen, wie CARMEN BORGGREFE und KLAUS CACHAY an einem *konkreten Beispiel* anschaulich erläutern.

Sie spitzen den hier angeführten Fall zu, indem sie nicht bei der Zusammenarbeit im Rahmen einer Ganztagsbeschulung stehen bleiben, sondern sich der Beobachtung von Fällen sportlicher Spitzenförderung zuwenden. Hierbei kommt es zu einem regelrechten *Zusammenstoß* zwischen dem Subsystem der Sportförderung im Spitzensport und dem Subsystem Schule im Bildungssystem. Beide Systeme zielen auf die Inklusion junger Menschen zur Erfüllung einer Funktion der Nachwuchsförderung. In ihrer je subsystemspezifischen Logik aber verstehen beide Subsysteme unter Nachwuchsförderung gänzlich unterschiedliches. Geht es der Sportförderung um eine Nachwuchsförderung mit Blick auf Höchstleistungen weniger, so geht es der Schule um eine Nachwuchsförderung mit Blick auf die Breite der Gesamtpopulation. Die Sportförderung zielt auf die Exklusivität der Begabtesten, während das Schulsystem die Inklusion aller im Auge hat. Die Sportförderung konzentriert sich in thematisch-inhaltlicher Verengung auf ein extrem spezialisiertes Feld, während die Schule die thematisch-inhaltliche Weite eines Bildungsauftrages berücksichtigt. Wo die Sportförderung die gezielte Ausbildung von hochspezialisierten Fähigkeiten zum Ziel hat, da zielt Schule auf die breite ganzheitliche Entfaltung von Wissensbeständen, Fähigkeiten und Fertigkeiten zu einem Gesamt von Kompetenzen. Der Beispiele könnten noch viele weitere angeführt werden (vgl. BORGGREFE/CACHAY 2010, S.48ff.).

Generalisierender formuliert, steht die Umwelt Schule dem System der Sportförderung *tendenziell widerstrebend* gegenüber, ebenso, wie die Umwelt Sportförderung dem System Schule als negative Umwelt entgegentritt. Die komplette Integration eines Jugendlichen in das jeweils eine System hätte zwangsläufig dessen komplette Desintegration im jeweils anderen System zur Folge (vgl. zum Gesamtüberblick über die Funktionen des Systems Schule bis heute grundlegend: LUHMANN 2002, FEND 1980, 2006).

Das politische System kann diesen Konflikt der Zugriffsinteressen *nicht mehr unmittelbar* im Medium der Macht lösen. Beide betroffenen Systeme folgen ihren je eigenen Logiken, beide Systemlogiken sind gesellschaftlich und politisch erwünscht. Eine Durchgriffsteuerung, die beide Systeminteressen berücksichtigt und deren Ergebnisse zugleich als kollektiv bindend anerkennt, ist unter den Bedingungen einer komplexen Moderne nicht möglich.

Wohl aber, und damit sei der hier zentrale Gedanke benannt, ist eine *Kontextsteuerung* denkbar. Mit kontextsteuernden Verfahren kann das politische System für beide Systeme die Rahmenbedingungen dergestalt verändern, dass diese den neu gesteckten Rahmen als eine neue relevante Umwelt wahr- und annehmen. Auf der Basis dieser Akzeptanz können sie sodann veränderte Handlungsoptionen entwickeln. Solche Kontextsteuerung versucht das politische System sehr oft über den Umweg über das Rechtssystem. Um die abstrakte Annahme konkreter zurückzubinden: Die Anpassung von Rechtsnormen ermöglicht auf der einen Seite etwa Sportverbänden die Gründung von Sportinternaten, sie ermöglicht auf der anderen Seite Schulen Schwerpunktsetzungen in einzelnen, auch sportlichen Bereichen. So können sich beide Systeme aufeinander zu bewegen und werden somit in die Lage versetzt, sich in ihren Interessen und Funktionen wechselseitig abzugrenzen und anzunähern.

Auf dieser Basis *hierarchischer* politischer Kontextsteuerung werden also, am Beispiel, *horizontale* strukturelle Kopplungen zwischen Systemen möglich, die einander vor einem solchen Steuerungseingriff von ihrer Systemlogik her als diametral einander gegenüberstehende Umwelten beobachtet haben. Strukturelle Kopplungen ermöglichen, nach der hierarchischen Kopplung durch die Kontextsteuerung, auf vertikaler Ebene einen derartigen modus operandi zu finden, der auf absehbare Dauer zwischen den Systemen Bestand haben kann.

Am *Beispiel* heißt das: Das selbstreferenzielle Interesse des Schulsystems ist befriedigt, wenn und sofern klar ist, dass jeder Jugendliche als Schüler aufzufassen ist, der einer Schulpflicht unterliegt. Umgekehrt ist das selbstreferenzielle Interesse des Sportfördersystems befriedigt, wenn und sofern klar ist, dass hochspezialisiertes Training als Gegenstand eines Sportunterrichts aufzufassen ist, welcher zudem den Umfang eines Hauptfaches annehmen kann. Wenn und sofern die Kontextsteuerung der Bildungs- und Sportpolitik also so auf das Rechtssystem Einfluss genommen hat, dass dieses entsprechende Schulbesuchsregeln, Bildungspläne, Regularien zur Genehmigung von Privatschulen, usw. zugelassen hat, so kann es ihr gelingen, über diese Kontextualisierung eine strukturelle Kopplung anzuregen, welche ihrerseits dauerhaft funktionsfähig ist.

Die wechselseitige Berücksichtigung des Selbstreferenzproblems gelingt, nach der hierarchischen Steuerungsinitiative des politischen Systems, dadurch, dass beide Systeme ihre prinzipiell unvereinbaren Konzepte von ‚Nachwuchsförderung' formal aufeinander abstimmen und diese in einer *Semantik* etwa von ‚Heterogenität' in ‚individualisierten Bildungsgängen', welche ‚nachhaltige Förderung' ermöglichen, gegenüber den weiteren Umwelten ‚kommunizieren'. Die kommunikative Dimension struktureller Kopplungen haben wir andernorts grundlegend erläutert (vgl. DRIESCHNER/GAUS 2012, S.451ff.).

Im Folgenden sei noch ein weiteres Phänomen angesprochen. Politisch angeregte kooperative Kopplungen zwischen Organisationen des Bildungssystems und systemfremden Organisationen können sich so weit verdichten, dass sich System-Umwelt-Grenzen neu justieren. In einem solchen Fall sei hier von *struktureller Integration* gesprochen. Strukturelle Integration bezeichnet den Prozess, in dem es zur Eingliederung von Bereichen in ein System kommt, welche vormals dessen Umwelt angehört haben.

Ein Beispiel für diese *spezifische und bemerkenswerte Form der Kopplung* wird in Teil II dieses Buchs ausführlich analysiert werden; dort wird der Prozess der Eingliederung des Kindergartens in das Bildungssystem zur Darstellung kommen. Die Kindertagebetreuung war traditionell lange Zeit im System Sozialer Hilfen als sozialpädagogische Unterstützungsorganisation von Familien mit nur loser Kopplung zur Schule verankert. Im historischen Prozess lassen sich Verdichtungsphasen der strukturellen Kopplungen mit der Schule beobachten. In den letzten Jahren avancierte die kooperative Kopplung von Kindergarten und Grundschule zu einem Thema, dem in der Bildungspolitik, der Bildungswissenschaft und der pädagogischen Praxis gesteigerte Aufmerksamkeit beigemessen wird. Im Zusammenhang mit dem Diskurs um Anschlussfähigkeit von Kindergarten und Grundschule setzt auf Struktur- und Diskursebene ein durch politische Kontextsteuerung angestoßener Prozess der partiellen Exklusion des Kindergartens aus dem System Sozialer Hilfen und der sukzessiven strukturellen Integration in das Bildungssystem ein.

Welchen *systemtisch-evolutiven Vorteil* solche Zusammenhänge von Kontextsteuerung und struktureller Kopplung darstellen, kann im Abgleich mit älteren Modellen einer versuchten direkten Durchgriffsteuerung erläutert werden. So gab es etwa in der Bildungsgeschichte der sozialistischen Staaten Ost- und Ostmitteleuropas in der zweiten Hälfte des 20. Jahrhunderts den weitergehenden Versuch, es nicht nur bei einem Ausgleich zwischen dem Subsystem der Sportförderung und dem Schulsystem zu belassen, sondern über politische Zentralplanung Sportförderung und Sportschulen fest aneinander zu koppeln. Im Ergebnis war das so entstandene System wechselseitig aufeinander angewiesener Verknüpfung nicht in der Lage, unter veränderten politischen Umweltbedingungen zu bestehen. Der Vorteil struktureller Kopplungen auf der Basis politischer Kontextsteuerung liegt demgegenüber darin, dass beide betroffenen Systeme weiterhin, auch unabhängig von politischen, rechtlichen oder ökonomischen Umweltveränderungen, dauerhaft bestehen können.

Bis hierher sind nur Beispiele eines gelingenden Zusammenhanges von politischer Kontextsteuerung und strukturellen Kopplungen diskutiert worden. Erschwerend für das theoretische Verständnis kommen aber noch weitere Aspekte hinzu. Zu durchdenken sind einerseits diejenigen Fälle, in denen strukturelle Kopplungen sich anderen Kontexten als Maßnahmen politischer Kontextsteuerung verdanken, und andererseits Fälle, in denen politische Kontextsteuerung nicht zu strukturellen Kopplungen führt.

Es gibt Formen kontextuell bestimmter struktureller Kopplungen, welche sich *ohne kontextsteuernde Initiative* des politischen Systems entwickeln. Ein Beispiel hierfür wäre etwa die Beurteilung und Benotung praktischer künstlerischer Betätigung im Kunst- und im Musikunterricht. Die Leistungsbeurteilung und -bewertung findet im Funktionssystem Schule statt und operiert dementsprechend prinzipiell nach dem Code lernen/nicht lernen. Zugleich aber ist in diesen Teilbereichen dieser Fächer der Code vermittelbar/nicht vermittelbar relativ abgeschwächt zugunsten einer relativ aufgewerteten Bedeutung des Codes ästhetisch/unästhetisch, der seinerseits aber dem Kunstsystem entstammt. Gleichwohl wird er hier, anders als in anderen Schulfächern, zum Teil einer didaktisch verstandenen und legitimatorisch genutzten Beurteilung und Benotung gemacht (vgl. PEEZ 2004, S.7ff.). In einem solchen Falle sind, entstanden aus jahrhundertealter Tradition und Gewöhnung, letztlich zurückgehend bis zu den Gelehrtenschulen des Mittelalters, zwei in der Gegenwart eigentlich längst getrennte Bereiche in ihrer Funktionslogik aufeinander verwiesen, ohne, dass hierzu politische Kontext- oder gar Durchgriffssteuerung Anlass oder Ansage gegeben hätte.

Noch ein weiterer Fall ist denkbar. Gesetzt sei der Fall, dass politische Kontextsteuerung Systemen *Anregung* zu verstärkter struktureller Kopplung geben will, diese Systeme jenen Anregungsvorschlag aber *nicht aufnehmen*. Ein typisches Beispiel hierfür wären etwa die zahlreichen Förderprogramme auf EU-, Bundes- und Landesebene, welche Politik seit einigen Jahren im Bereich kultureller Bildung, politischer Bildung oder beruflicher Bildung auflegt. Diese zielen in aller Regel auf die Vernetzung von Schulen mit Umwelten zu ‚Bildungspartnern'. Dabei folgt Bildungspolitik dem Paradigma der ‚Vernetzung formalen, nonformalen und akzidentiellen Lernens'. Dieses war mit dem sog. ‚Delors-Bericht' von 1996 auf EU-Ebene zum handlungsleitenden Konzept der Politik geworden und schließlich 2005, in freilich abgewandelter konzeptioneller und inhaltlicher Form, mit dem 12. Kinder- und Jugendhilfebericht auf der Ebene deutscher Bundespolitik angelangt. Seither dient dieser Slogan als eines der wichtigen Steuerungsleitlinien deutscher Bildungs- und Sozialpolitik (vgl. GAUS 2012). Wird empirisch nachgeschaut, so haben solche Programme kaum je nachhaltigen Erfolg. In aller Regel werden sie von und in

Schule gar nicht, kaum oder nur selektiv wahrgenommen. Typisch für die Organisation Schule ist, dass diese entlang einer typischen Struktur- und Prozesslogik der Komplexitätsreduktion operiert. Solche führt zu einer Konzentration auf das unmittelbar Notwendige und zur jeweiligen Zeit gerade Anstehende. Im Effekt lässt sich die Organisation Schule von den vielfältigen Angeboten, welche die Einrichtung jeden Tag per Post, Mail und Erlass erreichen, kaum oder gar nicht irritieren und betreibt weiterhin ihr business as usual.

Die letzten zu diskutierenden Fälle sind jene, in denen politische Kontextsteuerung *Anregungen* zur strukturellen Kopplung gibt, welche aber zu *gänzlich anderen* als den gewünschten und intendierten *Ergebnissen* führen. Ein Beispiel hierfür ist die Verkoppelung von empirischer Bildungsforschung und Schulpraxis über Bildungsstandards und Vergleichsarbeiten als Kernelement eines evidenzbasierten Steuerungskonzepts. Dieses Konzept wurde von der Bildungspolitik als Reaktion auf das unbefriedigende Abschneiden deutscher Schüler/-innen bei international vergleichenden Schulleistungsstudien in den letzten gut 10 Jahren entwickelt und implementiert. Institutioneller Ausdruck dieser politisch angeregten strukturellen Kopplung ist das Institut zur Qualitätsentwicklung im Bildungssystem (IQB), das inzwischen u.a. für die Entwicklung von Vergleichsarbeiten zuständig ist. Vergleichsarbeiten werden in Deutschland mittlerweile in allen Bundesländern in den Kernfächern am Ende des 3. und des 8. Schuljahres geschrieben. Ziel ist die Überprüfung des Erreichens oder Verfehlens der nationalen Bildungsstandards. Mit den Testergebnissen können Leistungen einzelner Schülerinnen und Schüler, Parallelklassen einer Schule sowie von Schulen und Klassen auf Schulamtsbezirks- oder Landesebene verglichen werden.

Hinter solchen Vergleichen steht die Zielsetzung, die Ergebnis- und Förderverantwortung der Lehrkräfte im Sinne des Grundsatzes ‚no child left behind' in den Mittelpunkt schulischer und unterrichtlicher Qualitätsentwicklung zu stellen. Diese zunächst sinnvolle und überzeugende Zielsetzung führt allerdings unter den Kontextbedingungen der Einzelschulen zu *ungewollten Nebenwirkungen*. Wie die bisherige Erfahrung im internationalen Vergleich zeigt, nehmen Lehrkräfte Vergleichsarbeiten nicht selten als externes Druck- und Kontrollinstrument wahr, als Übergriff von empirischer Bildungsforschung und Bildungspolitik auf ihre pädagogische Freiheit. Dementsprechend reagieren sie oft mit Ablehnung, Zurückweisung, Ausschluss von leistungsschwachen Schülern bei Tests oder einer Reduktion von Unterricht zu einem teaching to the test. Das ursprüngliche förderdiagnostische Konzept wird so in sein Gegenteil verkehrt (vgl. z.B. MEYER 2008; DRIESCHNER 2009).

4.4 Pädagogische Perspektiven auf das Bildungssystem zwischen struktureller Kopplung und Kontextsteuerung

In den vorangehenden Abschnitten sind in Bezug auf das Bildungssystem, entlang diverser Beispiele, die *Grundgedanken* horizontaler struktureller Kopplung einerseits und vertikaler Kontextsteuerung andererseits entfaltet worden. Beispiele wie die angeführten waren dabei von einiger Bedeutung. Ihre Beobachtung erlaubt es, bildungshistorische und -systemische Fragen zuzuspitzen. Nach dem Durchgang durch den Versuch einer theoretischen Systematisierung zeichnen sich aus erziehungswissenschaftlicher Perspektive zwei Fragenkomplexe von entscheidender Bedeutung ab:

Zum einen ist für bildungssoziologische und bildungshistorische Forschung von theoretischem wie von empirischem Interesse, wie das Verhältnis von Kontextsteuerung, loser Kopplung und semantischer Vermittlung von Strukturen und Prozessen unter den konkreten und besonderen Bedingungen sowie Struktur- und Prozesseigentümlichkeiten des Bildungssystems von statten geht. Augenscheinlich ist schon in dieser Einführung geworden, dass im je konkreten Fall die Ergebnisse dieser Dreiheit von loser Kopplung, Kontextsteuerung und vermittelnder Semantik immer wieder anders ausfallen.

Hier ist ein weites Feld sowohl weiterer theoretischer Reflexion wie systematischer Rekonstruktion wie empirischer Überprüfung angezeigt. Es erscheint bis hierher noch unklar, welche Aspekte bzw. *welches Zusammentreffen von Aspekten* dafür bedeutsam sein können, dass solche Zusammenhänge gelingen oder misslingen.

Zum anderen ist mit der Redewendung vom ‚Gelingen' oder ‚Misslingen' sogleich ein zweiter Problemkreis angesprochen. Dieser ist in Abschnitt 4.1 bereits einmal angerissen worden. Dort wurden die Interaktionsprozesse erwähnt, welche die Behauptung des ‚Gelingens' oder ‚Misslingens' der Kopplungen des Bildungssystems mit seinen jeweiligen Umwelten jeweils anders interpungieren. Das jeweilige Gelingen und Misslingen zu beobachten, zu analysieren und zu interpretieren ist ein für systematische wie für historische Erziehungswissenschaft äußerst instruktives Herangehen. Dieses ermöglicht es nämlich, im Spiel der Systeme und ihren jeweils immer nur labilen Gleichgewichten struktureller Kopplungen – mit BOURDIEU – ‚Felder' oder – mit NORBERT ELIAS – ‚Figurationen' von Einfluss- und Machtkonstellationen herauszuarbeiten. Solche Rekonstruktionen können, über eine nur an LUHMANN anschließende affirmative Adaption systemtheoretischer Versatzstücke hinaus zu *weitergehenden Analysen von Konstellationen* im Bereich von Bildung und Erziehung beitragen, welche die funktionalen Rahmungen relativer pädagogischer Handlungsautonomie bestimmen.

Oben wurde bereits angedeutet, dass die Frage nach dem Gelingen und Scheitern von *kooperativen Kopplungen* zwischen Systemen unterschiedlich beantwortet werden kann. Die Antworten differieren, je nachdem, aus welcher Systemperspektive bestimmte Kopplungen beobachtet werden. So kann etwa die Implementierung ökonomischer Strukturen im Bildungssystem (z.B. Standardisierung, Output- bzw. Outcomesteuerung, mehr Wettbewerb zwischen Schulen) je nach Standpunkt als produktive Anregung von außen oder als ökonomische Übergriffigkeit wahrgenommen werden. Wie zu erwarten, unterscheiden sich die zumeist teilsystemspezifisch verhafteten Beobachtungen von Bildungsökonom/-innen, Bildungspolitiker/-innen und (kritischen) Bildungswissenschaftler/-innen in dieser Frage nicht selten erheblich. So kreisen entsprechende Diskussionen vor allem um die Frage nach der Einflussmacht des Wirtschaftssystems, der Steuerungskompetenz des politischen Systems und der relativen Autonomie des Bildungssystems.

Je nach Beobachterperspektive fallen also *Beurteilungen* über ‚Gelingen' oder ‚Misslingen' struktureller Kopplungen im Einzelnen *anders* aus. Einer orthodox systemtheoretisch-evolutionären Perspektive würde das Konstatieren solcher Realität genügen. Im Anschluss an LUHMANN (vgl. Abschnitt 4) könnte genügsam das evolutive Spiel der Systeme beobachtet werden, in dem es kein ‚richtig' und kein ‚falsch', kein ‚gut' und kein ‚schlecht' geben muss. Das ‚Misslingen' einer Kopplung würde sich rein deskriptiv an ihrem Ausscheiden aus dem Spiel der Systeme erweisen (vgl. SCHIMANK 2007, S.131).

Einer *erziehungswissenschaftlichen Metaperspektive* hingegen kann ein solcher Befund alleine nicht genügen. Ihr muss es demgegenüber darum gehen, Gelingen oder Scheitern struktureller Kopplungen gewissermaßen von ‚oben' aus einem eigenen fachspezifischen Blickwinkel zu betrachten. Sie muss für empirische Forschung Beobachtungsrichtwerte und für theoretische Modellierung Begrifflichkeiten entwickeln, die jenseits subsystemspezifischer Rationalitäten kritisch-heuristische Beurteilungskriterien im Sinne ‚einheimischer Begriffe' nach JOHANN FRIEDRICH HERBART bereitstellen. Hier sei die These vertreten, dass aus pädagogischer Sicht die Beobachtung und Beurteilung der Balance im fragilen Verhältnis von Selbst- und Fremdreferenz bzw. von teilsystemischer Autonomie und Okkupation der zentrale Dreh- und Angelpunkt der Betrachtung sein muss.

Dieser Gedanke sein wiederum an einem Beispiel verdeutlicht. Eine *relativ gelingende Balance* von Selbst- und Fremdreferenz ist etwa in jenem Fall zu konstatieren, in dem ein System Einflüsse von außen mit eigenen Veränderungsbestrebungen verbinden und in seine eigenlogischen Strukturen integrieren kann.

In diesem Fall realisiert sich eine *kooperative Kopplung* im Sinne einer immer wieder neu auszurichtenden Balance zwischen den Eigenlogiken der sich verkoppelnden Systeme. Aus dieser Perspektive ist es, ganz konkret, für die Beantwortung der Frage nach dem Gelingen oder Misslingen der strukturellen Kopplung zwischen empirischer Bildungsforschung, Wirtschaft und Schulpraxis im Kontext von Standardisierung, Output- bzw. Outcomesteuerung und Wettbewerb relevant, ob und unter welchen Rahmenbedingungen es Schulen gelingt, auf der Grundlage etwa von ‚Bildungsstandards' und ‚Vergleichsarbeiten' relativ besseren Unterricht als bisher zu realisieren. In einem solchen Fall ist aus pädagogischer Perspektive von einer gelingenden Kopplung zu sprechen.

Umgekehrt wäre etwa von einer *misslingenden Kopplung* zu sprechen, wenn Untersuchungen Friktionen aufzeigen wie das ‚teaching to the test' oder Verkürzungen von zweckrationalen Erziehungs- oder funktional verkürzten Bildungsverständnissen, die der eigenen historisch gewachsenen Logik und den Codewerten des Bildungssystems widersprechen (vgl. DRIESCHNER 2009). In einem solchen Fall kann das Misslingen einer Kopplung, hier als Okkupation des Bildungssystems durch das Wirtschaftssystem, behauptet werden.

Der Erziehungswissenschaft steht als *einheimische Perspektive* die Tradition einer historisch-systematischen Pädagogik zur Verfügung, die auf SCHLEIERMACHER zurückgeht. Schon jener hat, im Denken und in der Begrifflichkeit seiner Zeit vor etwa 200 Jahren, eine der hier aufgezeigten Problemwahrnehmung durchaus ähnliche Sichtweise entwickelt. Bereits er fasste das geschichtlich-kulturell verfasste Dasein des Menschen als Ineinander dialektischer Bezüge verschiedener Kraftfelder. Zu seiner Zeit waren für ihn, im Abgleich mit dem hier Entfalteten, insbesondere vier Bereiche von Bedeutung, welche er nicht ‚Systeme', sondern ‚Sphären' bzw. ‚Kulturgebiete' nannte[6]: die ‚Sphäre des wissenschaftlichen Erkennens', die sich um den Zentralwert der Wahrheit gruppiert, die ‚Sphäre des Wirtschaftlichen, Politischen und Staatlichen', die sich um den Zentralwert eines gelingenden Lebens gruppiert, die ‚Sphäre der Religion', die sich um den Zentralwert der Heilserwartung gruppiert, sowie die ‚Sphäre des persönlich-geselligen Verkehrs', in der sich die personale und individuelle Bildung vollzieht.

Wesentlich für eine erziehungswissenschaftliche Dialektik in der Tradition SCHLEIERMACHERs ist, dass alle Sphären als prinzipiell eigenständige und autonom operierende Kulturbereiche verstanden werden müssen, die nach eigenen Prinzipien operieren. Diese Prinzipien sind nicht wechselseitig durcheinander ersetzbar. Alle Kulturgebiete sind gleichrangig und gleichwertig, nicht aber gleichartig. Sie operieren prinzipiell autonom, sind aber gleichwohl in ihrer je konkreten historischen Ausprägung immer wechselseitig aufeinander verwiesen. Die Gesamtheit aller Kulturbereiche erst bildet die Einheit des gesellschaftlich-kulturell vermittelten wie vermittelnden Lebens. Mit SCHLEIERMACHER ist von den *großen Erziehungsmächten* zu sprechen, die in ihrem Zusammenwirken und in ihrer Spannung erst den pädagogischen Hintergrund ausmachen (vgl. REBLE 1993, S.213).

Eine pädagogisch-erziehungswissenschaftliche Perspektive in dieser Tradition nimmt ebenso die Aufgabe ernst, das vorfindliche Material solcher Realitäten *historisch-empirisch aufzuarbeiten*, die Ergebnisse *systematisch* auf das Zusammenwirken der auffindbaren Funktionslogiken hin *zu untersuchen* und schließlich dabei die Aufgabe der praktischen Vernunft nicht aus dem Auge zu verlieren, kritisch nach der *Möglichkeit gelingenden Lebens* zu fragen (vgl. ebd.).

Über diesen Prozess einer neuartigen Systemintegration auf höherer Ebene lassen sich idealtypisch beschreibende Modellannahmen machen. Allerdings läuft diese Entwicklung im Einzelnen in jedem

---

[6] Die Begriffe der ‚Kulturgebiete' bzw. der ‚Sphären' verweisen ihrerseits in der Philosophie SCHLEIERMACHERS auf Unterschiedliches. Dieser philologisch und philosophisch notwendige Unterscheidung sei aufgrund des hier anders gelagerten systematischen Interesses nicht gefolgt; vielmehr wird hier, durchaus problembewusst, an den Synkretismus in ALBERT REBLEs ‚Geschichte der Pädagogik' angeschlossen.

Bereich des Bildungssystems anders ab. Ein wesentlicher Grund für diese Tatsache von Unterschieden im Einzelnen wird in dieser Abhandlung *modernisierungstheoretisch* interpretiert. Wenn derzeit eine Systemintegration des Bildungssystems auf höherer Stufe bildungswissenschaftliche behauptet und bildungspolitisch gefordert wird, so übersieht diese Perspektive die je unterschiedlichen historischen Entwicklungsdynamiken, in denen das Schulsystem und seine pädagogischen Umwelten stehen.

Bildungshistorisch wird hier betont, dass jeder Bereich des Bildungssystems ebenso wie die Systeme in seiner Umwelt sich in unterschiedlichen Phasen ihrer jeweiligen Modernisierungsprozesse befinden; ebenso, dass ihre jeweiligen Modernisierungsprozesse in unterschiedlichen Tempi ablaufen. Wird dieser Annahme gefolgt, so ist es für jeden einzelnen Bereich notwendig, gesonderte Einzeluntersuchungen unter Berücksichtigung *bildungsgeschichtlich zu rekonstruierender Entwicklungslinien* anzustellen. Eine nur systematische Perspektive bliebe bei idealtypisierenden Annahmen stehen, wohingegen eine sowohl systematische als auch historische Betrachtung in eine historische Tiefendimension der Erkundung vordringt.

Im folgenden zweiten Hauptteil dieser Abhandlung wird am Beispiel des Übergangs von Elementar- und Primarbereich versucht, dieses Problem zu erläutern. Diese Darstellung folgt damit einem *doppelten Zweck*. Einerseits soll sie inhaltlich in ein Themenfeld einführen, welches derzeit von besonderer Wichtigkeit in Hinblick auf die weitere Entwicklung des Bildungssystems ist. Andererseits soll sie exemplarisch ein Vorgehen zur Diskussionen stellen, welche nach Auffassung der Verfasser geeignet sein könnte, die Analysegrundlage für weitere empirische wie historisch-systematische Untersuchungen zu anderen Bereichen des Bildungssystems abgeben zu können.

II Exemplarische Analyse: Über die Genese und die Friktionen der strukturellen Kopplung von Kindergarten und Grundschule

1. Problemstellung und Vorgehen

Die hier verwendete theoretische Bezugsgröße für historische, systematische und empirische Analysen der Entwicklung von *strukturellen Kopplungen* des Bildungssystems und im Bildungssystem ist ein system- wie modernisierungstheoretisch inspirierter Blick auf gesellschaftlicher Entwicklung. Demnach sind Ausdifferenzierung wie Differenzierung eines in sich gestuften und gegliederten Bildungssystems typische Kennzeichen von gesellschaftlichen Modernisierungsprozessen. Im ersten Abschnitt dieses Buches wurde aus makrosoziologischer Perspektive die These vertreten, dass diese Prozesse zumindest für die mittel- und westeuropäische Entwicklung universal zu setzen seien. Eine solch' generalisierende Theorieperspektive muss ihre Angemessenheit freilich in spezifizierten Betrachtungen *konkreter Teilbereiche* des Bildungssystems erweisen.

Werden, wie in der folgenden Darstellung, Zusammenhänge von Kindergarten und Grundschule einer näheren Betrachtung unterzogen, so zeigt sich zunächst ein *verunsichernder Befund*: Anschlussfähigkeit und Übergangsgestaltung zwischen Kindergarten und Grundschule werden in der Bildungsdiskussion der letzten Jahrzehnte immer wieder gefordert; die Einlösung dieses Postulats gilt jedoch zugleich keineswegs als eingelöst. So scheint es nach dem Stand der Fachdiskussion – entgegen der hier entwickelten Position – durchaus fraglich zu sein, ob die Annahme einer universalen Entwicklung hin zu einem gestuften, funktional gegliederten Bildungssystems auch für diesen konkreten Bereich tatsächlich angemessen ist. In der Diskussion um diese wie um weitere daran anschließende Fragen wird von Fachleuten wie GABRIELE FAUST auf das Theorie- und Forschungsdefizit einer nach wie vor fehlenden übergreifenden Perspektive hingewiesen. Diese sollte in der Lage sein, die vielfältigen Prozesse des Übergangs unter Einbezug der beteiligten Instanzen Familie, Kindergarten und Schule zu erläutern (vgl. FAUST 2008, S.226).

In der folgenden Darstellung sollen daher umrisshaft Grundzüge der im ersten Abschnitt entwickelten Theorieperspektive bezüglich struktureller Kopplungen im Bildungssystem konkret auf das Verhältnis von Kindergarten und Grundschule angewendet und auf ihre heuristische Funktion hin überprüft werden. Daran anknüpfen wird von der erkenntnisleitenden These ausgegangen, dass sich die Entwicklung des Verhältnisses von Kindergarten und Grundschule aus bildungshistorischer Sicht als Ausdruck von *idealtypisch zu beschreibenden Mustern* im Differenzierungsprozess des Bildungssystems begreifen lässt. So können im langfristigen historischen Prozess Herausforderungen und Probleme beschrieben und analysiert werden, die sich im Rahmen der *strukturellen Kopplung* der abgebenden und aufnehmenden Stufe auf der Struktur-, Prozess- und Deutungsmusterebene ergeben. Diese Annahme trifft auf zwei problematisierende Perspektiven:

1) *Ideengeschichtlich* betrachtet, lässt sich zunächst feststellen, dass die institutionelle Entwicklung der öffentlichen Kleinkinderziehung seit ihren Anfängen von der Forderung nach einer verstärkten strukturellen Verkopplung mit der Schule begleitet wird (vgl. FRANKE-MEYER 2011). Dementsprechend richtet sich die fachliche Deutung auf die Forderung nach verbesserter bzw. zu verbessernder Anschlussfähigkeit zwischen Kindergarten und Grundschule gegen die Reduktion des frühpädagogischen Sektors auf sozialpädagogische Betreuungs- und Erziehungsaufgaben.

Artikuliert wurde diese Forderung im deutschsprachigen Raum bereits ab Mitte des 19. Jahrhunderts von FRIEDRICH FRÖBEL (1782-1852) sowie den Fröbelianer/-innen. Mit dem Fröbel-Kindergarten entstand bereits in den 1840er Jahren ein institutioneller Typ öffentlicher Kleinkinderziehung, der explizit deren Bildungsfunktion in den Mittelpunkt rückt. FRÖBEL gilt als erster Pädagoge, der ein einflussreiches, theoretisch fundiertes und praktisch tragfähiges Verständnis frühkindlicher Bildungsprozesse im Rahmen seiner Überlegungen zu einer allgemeinen Menschenerziehung entwickelte (vgl. FRÖBEL 1826/1982). Als Organisation, die sich der allgemeinen Menschenerziehung verpflichtet sah, war der Fröbel-Kindergarten durch das Bestreben gekennzeichnet, familienergänzende mit vorschulischen Aufgaben zu verbinden. Dieses neben FRÖBEL und seinen Anhängern seinerzeit auch von der organisierten Volksschullehrerschaft vertretene Anliegen zielte auf die *Vollinklusion* aller Kinder im Kindergartenalter und somit auf die *Generalisierung des Besuchs des Kindergar-*

tens, der als unterste Stufe der Volksschule in das Bildungssystem *strukturell integriert* werden sollte (vgl. FRANKE-MEYER 2011).

Auf der Deutungsebene begründete FRÖBEL somit als kontrafaktischen Entwurf zur sich auf der Struktur- und Prozessebene anbahnenden Trennung von öffentlicher Kleinkinderziehung und Schule nicht nur einen eigenständigen Bildungsauftrag des Kindergartens gegenüber der Familie. Vielmehr forderte er gleichzeitig auch dessen organisatorische und didaktische Verzahnung mit der schulischen Bildung. Unter Bezug auf die von FRÖBEL theoretisch begründete Bildungsfunktion des Kindergartens diskutierte bereits der Fröbelverband in den 1870er Jahren die Frage nach der Gestaltung einer ‚organische Verbindung' des Kindergartens mit der Volksschule.

Diese auf der Deutungsebene also bereits im 19. Jahrhundert klar formulierte Forderung nach *struktureller Kopplung* des Kindergartens mit der Grundschule und mithin nach seiner *struktureller Integration* in das Bildungssystem wird derzeit in verschiedenen Akzentuierungen wieder aufgenommen. In der Diskussion um Kindertagesstätten als Bildungseinrichtungen sind sowohl bildungspolitische als auch bildungstheoretische Forderungen nach einer Intensivierung der Kooperation von Organisationen frühkindlicher Bildung und Hilfen mit dem Schulsystem feststellbar (vgl. z.B. BUNDESMINISTERIUM FÜR BILDUNG UND FORSCHUNG 2007).

In der Folge dieser bildungspolitischen und bildungstheoretischen Forderungen rücken Fragen nach dem Verhältnis, den Übergängen und der Restrukturierung beider Bereiche auch in das bildungswissenschaftliche Forschungsinteresse. *Aktuelle Forschungen und Fachdiskussionen* fokussieren historische Differenzen und Annäherungen von Kindergarten und Grundschule (vgl. z.B. REYER 2006; DRIESCHNER/ GAUS 2012), die Transition sowie die pädagogischen Gestaltung des Übergangs zwischen beiden Organisationen (vgl. z.B. REICHMANN 2010; NIESEL/GRIEBEL 2011; OELMANN/MANNING-CHLECHOWITZ/ SITTER 2013) sowie Fragen ihrer didaktischen, methodischen und curricularen Anschlussfähigkeit (vgl. z.B. FAUST/GÖTZ/HACKER/ROß-BACH 2004; ROßBACH/GROßE/FREUND 2010; FAUST 2012; DRIESCHNER 2013, S.133-156).

Wird *bildungspolitisch* die Entwicklung neuartiger *kooperative Kopplung* gefordert und gefördert, so bedeutet dieses, dass die historisch gewachsene Trennung zwischen dem sozialpädagogischen orientierten Organisationen öffentlicher Betreuung und -erziehung von kleinen Kindern und dem Schulsystem als unbefriedigend wahrgenommen wird (vgl. z.B. BAUMERT/CORTINA/LESCHINSKY 2003, S.146). Bildungspolitisch sind solche Forderungen als Teil von Strategien politischer Kontextsteuerung zu vermuten. Im Folgenden wird die These vertreten, dass solche bildungspolitischen Deutungsangebote als Teil von *Entwicklungsstrategien* zu verstehen sind; die dazu dienen, Systeme zur Selbsttransformation angeregt werden.

2) Im Kontrast zur Ideengeschichte der *strukturellen Kopplungs-* und *Integrationsforderungen* betont bildungsgeschichtliche Forschung zur *Sozial- und Organisationengeschichte* des Schulsystems sowie zu den verschiedenen Organisationen frühkindlicher Bildung und Betreuung die empirisch nachweisbare Ausdifferenzierung des Schulsystems und der öffentlichen Kindertagesbetreuung durch innere und äußere Abgrenzungen.

Es könnte die These aufgestellt werden, dass hier die Ideengeschichte der strukturellen Verkopplung von Kindergarten und Grundschule der Realgeschichte weit vorauseilt, insbesondere wenn man bedenkt, dass das FRÖBELsche Postulat der strukturellen Integration des Kindergartens in das Bildungssystem bis heute nicht voll umgesetzt ist. Die schon aus dem 19. Jahrhundert herrührende Trennung beider Bereiche, mit der auch die lange Zeit mangelnde politische Anerkennung der Bildungsfunktion des Kindergartens zusammenhängt, wirkt bis heute in den pädagogischen Diskurs wie in sozialpädagogische bzw. schulpädagogische Praxen zurück. Somit bremsten in der Vergangenheit die relativ eigendynamischen Prozesse der Organisationentwicklung die lange bekannte Forderung nach Kooperation beider Bildungsstufen in didaktischer und curricularer Hinsicht aus. Vor diesem Hintergrund entwickelte sich u.a. zuletzt die von JÜRGEN REYER und DIANA FRANKE-MEYER angestoßene *Kontroverse* über die ‚Eigenständigkeit' des frühpädagogischen Bildungsauftrags gegenüber der Schule (vgl. REYER/FRANKE-MEYER 2008).

Damit Forderungen nach Verkopplung von Kindergarten und Grundschule auch faktisch Umsetzung finden können, ist offenbar mehr erforderlich als Bildungstheorien, welche die vorschulische Bildungsfunktion des Kindergartens legitimieren. Bildungstheoretische Forderungen als kulturelle Deutungsmuster werden erst dann gesellschaftlich einflussreich, wenn sie sich mit tatsächlichen Interessen verschiedener gesellschaftlicher Teilsysteme wie Wirtschaft, Familie und Politik verbinden. Zu den wichtigsten realgeschichtlichen Veränderungen, welche die Intensivierung der *strukturellen Kopplung* begünstigen, gehören – schlagwortartig zugespitzt – der Wandel der Mutterrolle in der individualisierten Gesellschaft, der die Ausweitung öffentlicher Betreuung zwingend erforderlich macht, sowie der Gedanken der pädagogischen Frühförderung in der auf lebenslangem Lernen (von der Wiege bis zur Bahre) beruhenden Wissensgesellschaft. Wurde Fremdbetreuung, wie ELISABETH BECK-GERNSHEIM pointiert ausdrückt, „vor kurzen noch als pädagogischer Sündenfall mit Argwohn betrachtet, mit Rabenmutter und Vernachlässigung assoziiert, wird sie nun aus der Schmuddelecke geholt und als Möglichkeit der pädagogischen Frühförderung erkannt" (BECK-GERNSHEIM 2006, S.148). Die familienpolitische Debatte verbindet sich hier mit bildungspolitischen Diskussionen und ökonomischen Interessen, die dem frühen Kompetenzerwerb großes Gewicht für den weiteren Bildungsweg, den zukünftigen Schulerfolg und die spätere Beschäftigungsfähigkeit beimessen. Das Zusammenspiel dieser Diskurse und Interessen ist vermutlich der zentrale Grund für die derzeitig stark ausgeprägte gesellschaftliche Aufmerksamkeit für Fragen und Themen frühkindlicher Bildung.

Wird vor diesem Hintergrund bildungspolitisch eine *kooperative Kopplung* von Kindergarten und Grundschule und – darüber hinausgehend – eine *strukturelle Integration* frühpädagogischer Organisationen in das Bildungssystem gefordert und durch strukturpolitische Entscheidungen angeregt, sind aus systemtheoretischer Perspektive mögliche Friktionen und Disbalancen zwischen den historisch gewachsenen Eigendynamiken beider Bereiche zu reflektieren, um mögliche Bedingungen des Scheitern und Gelingens der *Kopplung* auszuloten. Relevant ist in diesem Zusammenhang der Blick auf die historisch ungleichen makrostrukturellen Entwicklungen in beiden Systemen.

Daher werden im Folgenden aus einer system- und modernisierungstheoretisch fundierten Perspektive idealtypisch *Phasen des Verhältnisses von Kindergarten und Schule* dargestellt. Phasenkonstruktionen sind zweifelsohne immer *Sinndeutungen* historischer Ereignisse, also nachträgliche Erzählungen, die verschiedene historische Einzelereignisse gedanklich zu Prozessen zusammenbinden. Wie bereits erläutert, geht unsere Erzählung von der systemtheoretischen Grundannahme aus, dass sich Systeme im Modernisierungsprozess zunehmend differenzieren und strukturell koppeln und dass sich diese allgemeine ‚Richtung' der modernen Gesellschaftsentwicklung im Spannungsfeld einer ideengeschichtliche Perspektive auf die Diskurse und einer sozial- und organisationengeschichtlichlichen Perspektive auf die Strukturentwicklung analysieren lässt.

Der Blick auf Phasen des Verhältnisses von öffentlicher Kleinkinderziehung und Schule führt zu einer zweiten These, der hier eine große Bedeutung zukommt. Betrachtet man die Systementwicklung von öffentlicher Kleinkinderziehung und Schule jeweils für sich, so wird deutlich, dass sich Kindergarten und Schule als Organisationen sowie Erzieherinnen und Grundschullehrkräfte als sich professionalisierende Berufe jeweils in *unterschiedlichen Phasen des Modernisierungsprozesses* befinden und daher gleichzeitig mit *ungleichzeitigen Herausforderungen und Problemen* konfrontiert sind. Von Schulen als traditionellem Kern des Bildungssystems wird im Kontext eines neuen outcomeorientierten Steuerungsparadigmas derzeit mehr Autonomie und Eigenverantwortlichkeit verlangt. Hingegen müssen Kindertageseinrichtungen als neu in das Bildungssystem zu integrierender Bereich zunächst einmal aus amorphen und unübersichtlichen Formen durch stärkere politische Steuerung als bisher herausgelöst werden.

Diese Gleichzeitigkeit ungleichzeitiger makrostruktureller Entwicklungen stellt die politisch geforderte und angeregte *kooperative Kopplung* zwischen den Organisationen des ‚Elementar'- und ‚Primarbereichs' vor nicht zu übersehende Schwierigkeiten. Aktuelle bildungswissenschaftliche Reflexionen thematisieren die Spannung zwischen den historisch gewachsenen und auch entwicklungspsychologisch begründeten Eigenlogiken beider Bereiche etwa mit der Frage, „wie viel Schule verträgt der Kindergarten?" (DILLER/LEU/RAUSCHENBACH 2010) oder aber mit klaren Abgrenzungsformen wie „Bildung JA – Verschulung NEIN" (SCHOLZ 2006).

2. Historische Rekonstruktionen

Die hier zugrunde gelegte Analyseperspektive verdeutlicht Friktionen in der gemeinsamen pädagogisch-didaktischen Gestaltung anschlussfähiger Bildungswege. Diese ergeben sich aus den unterschiedlichen Ausgangslagen beider Bereiche, welche es zu benennen und zu reflektieren gilt. Ist dieses Wissen um Hintergründe und Spannungen einmal systematisiert, kann solche gedankliche Ordnung dazu beitragen, gelingende Gestaltungsversuche der *strukturellen Kopplung* über *dezentrale Kontextsteuerung* zu erleichtern. Deshalb wird abschließend für die Entwicklung einer gemeinsamen Perspektive der Elementar- und Primarpädagogik auf allgemein pädagogische Handlungsprobleme plädiert werden, in der spezifische *Differenzen* wie auch *Kontinuitäten* zwischen beiden Stufen in ein balanciertes Verhältnis zu bringen sind.

2.1 Gemeinsamkeiten und Unterschiede im Systembildungsprozess von öffentlicher Kleinkinderziehung und Schule in der ersten Hälfte des 19. Jahrhunderts

Schulen entwickelten in den letzten 200 Jahren zu einem institutionalisierten, bildungspolitisch gesteuerten, in sich gestuften, strukturell integrierten und dauerhaft existenten System, das Kinder und Jugendlichen aus allen Bevölkerungsgruppen inkludiert (vgl. HERRLITZ/HOPF/TITZE/CLOER 2009). Das *Schulsystem* als Organisations- wie als Funktionssystem kann aufgrund seines hohen Grades organisationeller Strukturverfestigung und prozessualer Eigendynamik als funktional relativ autonomer Kernbereich innerhalb des Bildungssystems verstanden werden. Die langfristigen Prozesse und spezifischen Phasen dieser Entwicklung wurden im ersten Abschnitt dieses Buchs skizziert. Demnach lässt sich die Entwicklung des Schulsystems in der modernen Gesellschaft vor allem durch die schubartige Öffnung der schulischen Selektionsfunktion und mithin die Inklusion von Kindern und Jugendlichen aus nach und nach allen Bevölkerungsschichten kennzeichnen. Die Bildungssystementwicklung verlief „in Preußen und in der alten Bundesrepublik in den letzten 200 Jahren in vier regelmäßigen Schüben der relativen Bildungsbeteiligung, denen jeweils Stagnationsphasen folgten" (NATH 2003, S.8). Demnach vollzog sich das Wachstum des Bildungssystems durch den Übergang von der ständischen ‚Auslese qua Geburt' zur modernen ‚Bildungsselektion'. Die Ausdifferenzierung des Schulsystems ging in seiner bisherigen Entwicklung einher mit seiner inneren schulorganisatorischen Differenzierung in verschiedene Schulstufen, Schulformen und Einzelschulen mit jeweils spezifischen Profilen (vgl. Kap. 1)

Die *öffentliche Kindertagesbetreuung* differenzierte sich dagegen seit Beginn des 19. Jahrhunderts in der Umwelt des modernen Schulsystems aus. Diese Entwicklung lässt sich systemtheoretisch sowohl als Ausdifferenzierung von Erziehungs- und Betreuungsleistungen sowohl aus der Familie als auch aus der sich zunehmend auf ihre Unterrichtsaufgaben spezialisierenden Schule beschreiben.

1) Ausdifferenzierung öffentlicher Kleinkindbetreuung aus der Familie und Schule

Wird sozialgeschichtlich geschaut, so stand hinter der sich vollziehenden *Ausdifferenzierung von Betreuungsleistungen aus der Familie* nicht so sehr FRÖBEL mit seiner Kindergarten-Idee, sondern vielmehr ein ganz anderes, auf die Um- und Zustände in Zeiten der beginnenden Landflucht, Verstädterung, Industrialisierung und Verelendung zielendes Motiv. Dieses brachte konzise der evangelische Pfarrer und Gründer von Kleinkinderschulen THEODOR FLIEDNER im Jahre 1836 zum Ausdruck. Familiale Betreuungs- und Erziehungsdefizite sollten kompensiert werden, denn man könne „den einen Teil der Eltern nicht von ihrem Broterwerb weg in die Kinderstube hinabziehen und dem anderen Teil nicht die Erziehungsweisheit einimpfen" (FLIEDNER 1836, zit. n. REYER 2006, S.63). Die desolate haushaltsökonomische Situation der Familien unterer Bevölkerungsschichten zwang beide Elternteile und ältere Geschwister zur Erwerbsarbeit.

Diese Verelendungsprozesse in der ersten Hälfte des 19. Jahrhunderts führten in den deutschen Staaten dazu, dass kleine Kinder sich häufig selbst überlassen blieben und von Verwahrlosung und Unfällen bedroht waren, solange sie noch nicht arbeiten und zum Einkommen der Familien beitragen konnten. Dieser Erziehungs- und Betreuungsnotstand sollte durch die Einrichtung zumeist ganztägig geöffneter Kindertageseinrichtungen überwunden werden. Jene wurden, wie JÜRGEN REYER formuliert, als *sozialpädagogische und familienunterstützende Nothilfeeinrichtungen auf Zeit* konzipiert, damit Mütter ihrer

Erwerbsarbeit nachgehen konnten und ihre Kinder parallel im Grundsatz versorgt wurden (vgl. REYER 2006).

Wird die *Deutungsebene* betrachtet, so zeigt sich hier ein anderes gedankliches Konstrukt als im Konzept der sich eher allgemeinpädagogisch verstehenden und an Bildungstheorien orientierenden Kindergarten-Bewegung. In Anlehnung an das schottische Vorbild der infant schools von SAMUEL WILDERSPIN verbanden die ersten Einrichtungen das aus dem Kontext der Armenfürsorge herrührende Ziel der Armenversorgung mit dem Gedanken der ständisch orientierten Armenerziehung zu einem zusammenhängenden Konzept. Dieses sollte auf die Vermittlung von Tugenden wie ‚Disziplin', ‚Ordnung', ‚Gehorsam', ‚Rechtschaffenheit' und ‚Frömmigkeit' durch straffe Führung zielen. Offenkundig ist, dass diese Erziehungsziele gewünschte Eigenschaften von Arbeitskräften im Produktionsprozess benannten (vgl. ERNING 1987; KONRAD 2009, S.35). Solche Vorstellungen legen Zeugnis ab von dem ökonomischen Kalkül, durch Erziehung zur ökonomischen Effizienzsteigerung beizutragen.

Auf der *Strukturebene* entstanden Umsetzungen dieses Grundkonzepts anders als im entstehenden Schulsystem in der je konkreten Verantwortung je einzelner Träger. Bezüglich derer je konkreten Einrichtungskonzeptionen unterscheidet REYER zwei Entstehungsmotive, die er aufgrund ihrer engen Verknüpfung übergreifend als ‚sozialpädagogisches Doppelmotiv' bezeichnet.

Für die meisten Träger war das ‚*haushaltsbezogene Motiv*' leitend. Hinter der Entwicklung öffentlich beauftragter und von Trägern und Einrichtungen angebotener Kinderbetreuung stand ein caritatives Verständnis von Armenpflege. Dieses zeigte gegenüber den älteren, noch im Mittelalter wurzelnden, Traditionen von Caritas als Not- und Armenhilfe allerdings Anzeichen von Modernisierung, insofern anstelle einer traditionellen Armenpflege ex post ein neuer Ansatz prophylaktischer Armenfürsorge ex ante entwickelt werden sollte. Dieser sollte – wie oben dargestellt – Müttern aus sozialen Unterschichten Erwerbsarbeit ermöglichen. Öffentliche Kleinkinderziehungseinrichtungen sollten also eine *kompensatorische Betreuungs- und Erziehungsfunktion* erfüllen. Infrage gestellt wurde zwar nicht der grundsätzliche Erziehungsauftrag der Eltern. Pragmatisch wurde aber davon ausgegangen, dass ein kompensatorisches Betreuungsangebot zu entwickeln sei, das zu greifen habe, wenn und solange Eltern ihren

Erziehungsaufgaben aufgrund ökonomischer Zwänge nicht oder nur eingeschränkt nachkommen konnten.

Eng mit diesem fürsorgerisch-wohlfahrtlichen Ziel verknüpft war ein eher jugendpflegerisch-sozialpädagogisches ‚*kindbezogenes Motiv*'. In ihm verbanden sich soziales Engagement und Familienunterstützung mit dem Anliegen, dass Kinder von Armen nicht mehr passive Objekte von Almosen werden sollten, sondern eine gezielte, auf sie abgestimmte Erziehung zur ‚Industriosität' angeboten werden sollte (vgl. REYER 2006). Diese Zielsetzung wird an der Legitimation von Kleinkinderschulen durch JOHANNES FÖLSING und CARL FRIEDRICH LAUCKHARD beispielhaft deutlich:

> „Soll die kommende Generation nicht zum großen Theil aus arbeitsscheuen Müßiggängern bestehen, die auf Unkosten der Aengstlichen oder Gutmüthigen leben, aus Bettlern, Landstreichern, Dieben und Gaunern, welche einmal die unzähligen, nothwendiger werdenden Zucht- und Arbeitshäuser füllen; so errichtet Kleinkinderschulen und lasst die Kinder von früh auf an Ordnung, Reinlichkeit, Gehorsam, Schamgefühl sich gewöhnen. … Laßt sie zu einer Zeit, wo die Eindrücke am mächtigsten auf das zarte Gemüht wirken, den Segen der Gottesfurcht, der Menschenliebe empfinden; lasst sie die Größe und den Werth des Menschen ahnen; lasst sie die Größe Gottes in der Natur fühlen – und bewahrt sie vor der Thierheit, in welche die Armuth und der Leichtsinn sie hineinziehen wollen" (FÖLSING/LAUCKHARD 1848, S.26ff.).

Hinter diesen Ausführungen von FÖLSING und LAUCKHARDT steht der *anthropologische Grundgedanke* aufklärerischer Pädagogik des 18. Jahrhunderts, wonach die frühen Kinderjahre ein Lebensabschnitt besondere Lernfähigkeit und Erziehungsbedürftigkeit seien, in dem ‚die Eindrücke am mächtigsten auf das zarte Gemüth' wirken. Aus diesem Grunde muss das Kind als ein besonders gefährdetes Wesen gelten. Zugleich aber wird es auch als gefährliches Wesen dargestellt, wenn es aufgrund widriger Umstände und mangelnder Erziehung einen negativen und die bürgerliche Ordnung gefährdenden Entwicklungsverlauf nimmt. Der öffentlichen Kleinkinderziehung wird damit die Aufgabe zuteil, durch Betreuung und Erziehung familiale Erziehungs- und Sozialisationsdefizite auszugleichen und so gesellschaftlichen Spannungen vorzubeugen.

Das Interesse der vielfach konfessionell gebundenen Einrichtungsträger lag folglich darin, diese zuvor sich selbst überlassenen Kinder im vorschulischen Alter vor „moralischen Fehlentwicklungen" zu bewahren und gemäß ihres *trägerspezifischen Ordnungs- und Wertgefüges* zu erziehen (REYER 2006, S.268). Damit war öffentliche Kleinkinderziehung letztlich eine auf die soziale Disziplinierung der ökonomisch und kulturell deprivilegierten Bevölkerungskreise ausgerichtete Erziehung zur ‚Sittlichkeit' und ‚Industriosität'.

Unter dem Eindruck des modernen pädagogischen Denkens, das sich seit der Aufklärung konstituierte, geriet nicht nur die Vernachlässigung von Kindern aufgrund ökonomischer Zwänge in den Blick. Vielmehr wurde seither auch mehr und mehr die mangelnde Erziehungskompetenz von Eltern unterer Bevölkerungsschichten zum Gegenstand der Diskussion; ihnen wurde *mangelnde Sittlichkeit* bescheinigt. Dies zeigt beispielhaft ein Auszug aus der LEOPOLD CHIMANI verfassten Anleitung für „Lehrer in Kinder-Bewahranstalten" aus dem Jahre 1832: Wenn die Kinder

> „... während der Abwesenheit ihrer Mütter Nachbarinnen oder anderen unberufenen Leuten aus den unteren Volks-Classen in großen Städten anvertraut werden, so fehlt es diesen, wenn auch nicht immer an gutem Willen, doch mehrenteils an sittlichem Werthe, von dem die moralische Bildung der Kleinen bedingt wird, an dem Tacte, das zu thun, was ihre Sittlichkeit befördert, und oft am Pflichtgefühle, für ihre Versittlichung das Beste vorzukehren ... Dass aber auch die Kinder der unteren Volks-Classen selbst unter der Aufsicht der Mütter theils durch das unsittliche Beispiel derselben, theils durch verkehrte Behandlung, theils durch sträfliche Sorglosigkeit oft moralisch und physisch verderben, zeigt die tägliche Erfahrung. Es ist kein Zweifel, dass die sittliche Verderbtheit der untern Volks-Classen in den großen Städten, worüber man allgemein klagt, zum Theile der verkehrten Behandlung der Kinder in dem ersten Alter ... zugeschrieben werden muss (CHIMANI 1832, zit. nach KONRAD 2009, S.27).

Der sogenannten ‚sittlichen Verderbtheit' wurde eine ‚proletarische Sittlichkeit' gegenübergestellt, die durch Erziehung erreicht werden könne (vgl. REYER 2006). Aus politischer Sicht, die in der zitierten Schrift z.B. in dem Begriff der ‚Volks-Classen' deutlich wird, sollte das Doppelmotiv aus Familienentlastung und sittlich-religiöser Erziehung bestehende Herrschaftsstrukturen gegen die Gefahr sozialer Revolten sichern. Demzufolge habe sich der Einzelne in die vorgegebene hierarchische Gesellschaftsordnung einzufügen. Erziehung wurde hier verstanden als *systemstabilisierende Disziplinierung der Armen* und sollte als Vorbereitung auf eine genügsame, anspruchslose proletarische Existenz dienen. Die Kindertageseinrichtungen jener Zeit können daher zu den so genannten „Institutionen einer Pädagogik der Armut" gezählt werden (LESCHINSKY/RÖDER 1983, S.283).

Auf der *Strukturebene* vollzog sich derweil die Entwicklung öffentlicher Kleinkinderziehung als Prozess der Ausdifferenzierung von Erziehungs- und Betreuungsleistungen aus der Schule. Zeittypisch führten oftmals noch Betreuungsnotstände dazu, dass Eltern ihre Kinder im vorschulischen Alter zusammen mit ihren schulpflichtigen Geschwistern in Stadt- und Dorfschulen schickten, in denen sie vorwiegend von älteren Frauen und Witwen betreut wurden. Wie HARTMUT HACKER schildert, wurden die kleinen Mädchen und Jungen jedoch nicht am Unterrichtsgeschehen beteiligt, sondern hauptsächlich zum Stillsitzen und Beten angehalten (HACKER 2008, S.45).

Diese Praxis des *passiven Schulbesuchs* aufgrund fehlender alternativer Angebote – 1764 waren noch ungefähr 22 Prozent aller Schulkinder zwischen drei und sechs Jahre alt (vgl. ebd.) – geriet jedoch mit dem Wachstum und der Reform des Schulwesens zu Beginn des 19. Jahrhunderts zunehmend in die Kritik vor allem der Lehrer. Zu diesem Zeitpunkt war bereits die bedingte Schulpflicht in deutschen Staaten eingeführt, wenngleich auch die tatsächliche Durchsetzung der Schul- und Unterrichtspflicht vor allem aufgrund des Problems der Kinderarbeit erst gegen Ende des Jahrhunderts erreicht werden sollte (vgl. NATH 2001). Die Entwicklung des modernen Bildungssystems wurde zudem durch die Heterogenität der über 30 Kleinstaaten mit ihrer unterschiedlichen industriellen, ökonomischen, sozialen und kulturellen Entwicklungslage erschwert.

In der neuhumanistischen Bildungsreformära zwischen 1809 und 1819 wurden in Preußen, dem mit Abstand größten deutschen Staat, zahlreiche Reformmaßnahmen im Schulwesen eingeleitet. Hierzu zählten in erster Linie der Ausbau des Systems durch Schulgründungen sowie die Reform der Lehrerbildung. Seminaristisch ausgebildete Volksschullehrer ersetzten nach und nach die bis dato gering qualifizierten und pädagogisch nicht selten ungeeigneten Lehrkräfte, die häufig aus dem Handwerk rekrutiert und der Lehrtätigkeit nebenberuflich nachgegangen waren. Zudem hielt der Gedanke der *allgemeinen*

Menschenbildung jenseits von Klassenunterschieden und späterer beruflicher Verwertbarkeit des Wissens Einzug in das Volksschulwesen. Dieses neue Bildungsverständnis wurde auf der Ebene der Bildungspolitik und -administration vor allem durch WILHELM VON HUMBOLDT und JOHANN WILHELM SÜVERN, im Zusammenhang der Deputation auch von SCHLEIERMACHER, vertreten.

In den Zusammenhang der Bildungsreform Anfang des 19. Jahrhunderts allen auch Erlasse von schulrechtlichen Bestimmungen, nach denen sich Schule auf ihr Kerngeschäft, das Unterrichten, fokussieren sollte (ERNING 1987, S.20). Die Praxis des passiven Schulbesuchs wurde verboten. Der dadurch entstandene Betreuungsbedarf führte seit Mitte der 1820er Jahre zur Gründung von Betreuungseinrichtungen in *funktioneller Trennung* zum Schulwesen.

Diese Auslagerung von Betreuungsleistungen aus der Schule in eigens dafür vorgesehene Einrichtungen vollzog sich sukzessiv. In der Anfangszeit wurde die *Entdifferenzierung von Betreuung und Unterrichtung* in der Einrichtungen nicht immer konsequent durchgehalten; nicht schulpflichtige Kinder wurden weiterhin in der Schule betreut, während auch schulpflichtige Kinder in der Kinderbetreuung anzutreffen waren (vgl. REYER 2009, S.70). Obgleich die Bildungsreform im Zuge der restaurativen Wende in den 1820er Jahren ein jähes Ende fand, wurde an der eingeleiteten *funktionellen Trennung* zwischen Schule und öffentlichen Kindererziehungseinrichtungen festgehalten.

Diese funktionelle Trennung bedingte, dass sich das System von Kindertageseinrichtungen in der Umwelt des Bildungssystems in der traditionellen partikularen Struktur vor allem privat und kirchlich organisierter Wohlfahrt entwickelte. Insgesamt zeigen sich *deutliche Unterschiede* zwischen dem sich standardisierenden Schulsystem einerseits und den trägerspezifisch und konzeptionell heterogenen kinderbetreuender Einrichtungen andererseits. Die Pluralität der Einrichtungsformen und Träger sowie die Heterogenität der Einrichtungskonzepte kennzeichnet diese bis heute.

2) Funktionelle Gemeinsamkeiten und Differenzen

Wird mit einem hohen Abstraktionsgrad auf diese erste Phase geschaut, so erscheinen die Entwicklungen von Kindergarten und (Volks-)Schule an ihrem Beginn in gewisser Hinsicht durchaus noch als vergleichbar. In der ersten Hälfte des 19. Jahrhunderts entstand zunächst eine Vielzahl von Einrichtungen; allerdings mündeten diese in der Folgezeit in *unterschiedliche Systembildungsprozesse* ein.

Im Gegensatz zur häuslichen Privatunterrichtung und Privaterziehung, wie sie in bürgerlichen und adeligen Kreisen noch lange Norm blieben, zielten die Kinderbetreuungseinrichtungen ebenso wie die elementarbeschulenden Unterrichtsanstalten zunächst wesentlich auf die *niederen Schichten* der Bevölkerung. Anders als Bürgerkindern war proletarischen Kindern häuslicher Unterricht ebenso unbekannt wie Freizeit, Spiel und Muße, weil die möglichst frühzeitige Aufnahme von Arbeit die zentrale Bestimmungsgröße ihrer Sozialisation war (vgl. BERG 1991). Nur in Elementarschulen und Kleinkindbetreuungseinrichten eröffnete sich ihnen die Möglichkeit, Grundkenntnisse in den elementaren Kulturtechniken zu erwerben.

Bildungshistorisch relevant ist dabei, dass sich bereits in dieser *frühen Phase* der Systembildung ein typisches Modernisierungsphänomen weiterer Differenzierung ankündigte, das erste Individualisierungschancen eröffnete. Es war dieses die allmähliche Teilung des kindlichen Sozialisationsfeldes: „Der kindliche Lebens- und Erfahrungsraum begann sich aufzuspalten und sich um die beiden Pole der Familie und der Institution zu zentrieren" (KONRAD 2004, S.38).

Mit der Ausdifferenzierung von Organisationen differenzierten sich die *Kommunikationsmodi*. Es war von nun an nicht mehr das frühromantisch in seinem familialen Kontext verstandene Kind, welches zugleich Betreuung, Freizeitgestaltung, Erziehung, Unterweisung, Unterrichtung und Bildung in individueller Orientierung erfuhr. Vielmehr wurde auf der einen Seite eine ganzheitliche kindliche Lebenswelt in der Familie gesehen, der auf der anderen Seite eine Welt von Organisationssystemen mit klar differenzierten Leistungs- und Publikumsrollen gegenüberzutreten begann (vgl. STICHWEH 1988).

Diese Organisationssysteme wiederum entwickelten ihrerseits *spezifische Interaktionssysteme* einerseits der Unterrichtung, andererseits der Betreuung, welche Kinder frühzeitig die Erfahrung rollenförmigen Handelns machen ließen. Gerade diese Sozialisationserfahrung ist ein typisches Kennzeichen von dynamisch sich vollziehenden Modernisierungsprozessen. Insofern lässt sie sich seit dem 19. Jahrhundert nicht nur für pädagogische Organisationen nachweisen. Kein Funktionssystem der modernen Gesellschaft kann Personen als ganze an sich binden. Nur systemspezifisch relevante Ausschnitte der Person scheinen sozial relevant zu sein:

„Die funktional differenzierte moderne Gesellschaft ist ... durch ‚personale Exklusion' in dem Sinne charakterisiert, dass eine Person als Ganze in keinem Teilsystem mehr gefragt ist und angesprochen wird. Die Person ist in jedem Teilsystem immer nur in bestimmten Rollen involviert – ansonsten bleibt sie ausgesperrt. Völlig anders als bei der exklusiven Totalinklusion in nur einen Stand der mittelalterlichen Gesellschaft bestimmt in der funktional differenzierten Gesellschaft somit eine multiple Partialinklusion in die vielen oder sogar alle Teilsysteme die Lebenschancen und – über die Lebenschancen vermittelt – die Lebensführung der Menschen (BURZAN/LÖKENHOFF/SCHIMANK/SCHÖNECK 2008, S.23).

Bei genauerem Hinsehen zeigen sich allerdings bereits in dieser Frühphase der Systembildung von Kindertagesbetreuung und Schule deutliche Unterschiede. Die sich langsam zu einem Schulsystem verdichtende Vielheit von Einzelschulen zielte darauf ab, jedes Kind in das System zu inkludieren, sofern nicht der Sonderfall einer häuslichen oder sonstigen Beschulung angeboten werden konnte. Demgegenüber zielten die Kinderbetreuungseinrichtungen genau umgekehrt auf die Betreuung von *Sonderfällen*, hier insbesondere der Fürsorge für Kinder, deren Mütter unter der Notwendigkeit aushäusigen Geldverdienens standen.

Des Weiteren folgten die zu einem Organisationssystem sich verdichtenden Volksschulen auf der *Deutungsebene* von vorne herein, wie prototypisch am Beispiel von SCHLEIERMACHERs Konzeption einer allgemeinen Volksschule deutlich wird, einem *klar definierten Verständnis von Unterrichtung und Erziehung* als systematischer Einführung der jüngeren Generation in Kultur durch die ältere Generation. Enkulturation sowie, daran geknüpft und damit verbunden, Qualifikation, Selektion, Allokation und Legitimation avancierten im Übergang von der geburtsständischen Auslese zur modernen Bildungsselektion zu den Kernfunktionen von Schule, über die bis heute ein gesellschaftlicher Konsens herrscht (vgl. TITZE 1996).

Bezüglich der Schule also vollzogen sich sowohl auf der Deutungs- als auch auf der Strukturebene in jenen Jahrzehnten Prozesse der Klärung von Funktionen. Kinderbetreuungseinrichtungen hingegen wurden im Deutungshorizont dieser Zeit *ganz unterschiedliche Funktionen* zugeschrieben. So existierte auf der einen Seite eine ganze Breite von Vorstellungen über Bildung, Erziehung und vorschulischer Unterrichtung, diese in sich nochmals vielfach unterschieden, zugleich aber gab es auch Konzepte und Ideen von Nothilfe, Sozialpflege und Fürsorge auf der anderen Seite, auch diese in sich nochmals vielfältig differenziert. Nach FRANKE-MEYER waren die verschiedenen institutionellen Aufgabenzuschreibungen zudem auch noch nicht selten konzeptionell miteinander verflochten (vgl. FRANKE-MEYER 2011).

Insgesamt jedoch war in dieser Phase vor allem die konzeptionelle Verflechtung von *familienunterstützenden* mit *kompensatorisch-vorschulischen Aufgaben* besonders weit verbreitet. Diese doppelte Aufgabenbestimmung vertraten zahlreiche Gründer oder Leiter von Kleinkindererziehungseinrichtungen wie z.B. JOHANN GEORG WIRTH (Augsburg), CHIMANI, JOHANN FRIEDRICH OBERLIN (Waldersbach/ Vogesen), FLIEDNER (Kaiserswerth bei Düsseldorf) oder GUSTAV WERNER (Walddorf).

Bei aller organisatorischen und konzeptionellen Unterschiedlichkeit ihrer Einrichtungen im Einzelnen teilten sie die Auffassung, dass die primäre institutionelle Aufgabe der familienunterstützenden Betreuung durch die nachgeordnete Aufgabe der kompensatorisch-vorschulischen Erziehung zu ergänzen sei, da viele Familien die Kinder nicht hinreichend auf die Schule vorbereiten könnten oder ein (regelmäßiger) Schulbesuch vor allem aufgrund des Problems der Kinderarbeit nicht gewährleistet war (vgl. FRANKE-MEYER 2011). Im Unterschied dazu stand die sich nach dem pädagogischen Konzept FRÖBELs entwickelnde Einrichtungsform des Kindergartens. In der Konzeptualisierung des Kindergartens als Ort der *elementaren Bildung*, als eine erste und eigenständige Stufe des Bildungsweges des Menschen, unterschied sich diese Form fundamental von jenen Einrichtungen, die primär die Funktion der Fürsorge und Armenerziehung in den Mittelpunkt stellten.

3) Differenzen in der staatlichen Steuerung und juristischen Normierung

Auch und gerade bezüglich der *Steuerungs- und Normierungsebene* sind wesentliche Unterschiede zu betonen. Die Schullandschaft erfuhr in den deutschen Staaten in einem langen Prozess der Vereinheitlichung eine langsame Normierung der Rechtsvorgaben und Trägerschaften. Mit der Forderung und Förderung des allgemeinen Volksschulunterrichts begann sich bezüglich des Volksschulbereichs in der ersten Hälfte des 19. Jahrhunderts eine grundsätzliche Prozessdynamik durchzusetzen, welche schließlich, in der Weimarer Republik, in das bis heute fortgeltenden Rechtsprinzip der ‚doppelten Schulträgerschaft' gegossen werden sollte.

Schulen, sofern sie allgemein grundlegende Bildungsangebote machen, stehen zwar in der Trägerschaft eines kommunalen (oder auch kirchlichen oder privaten) Trägers, immer aber unter der Rechtsaufsicht und innerhalb der *Richtlinienkompetenz* staatlicher Oberaufsicht. Insofern spiegelt sich in den Entwicklungen vom Schulwesen hin zum modernen Schulsystem die gesamtgesellschaftliche Entwicklung von Klärungen zwischen kommunaler und staatlicher Ebene seit dem 17. Jahrhundert.

Auch hier wiederum stellt sich die Lage der Kinderbetreuungseinrichtungen gänzlich anders dar: Statt zu einer Vereinheitlichung von Trägerschaften und rechtlichen Rahmungen kam es hier zur Entwicklung einer breiten Vielfalt von Trägern und Einrichtungen, zumeist auf *privatrechtlicher Grundlage*. In der ersten Gründungswelle von kinderbetreuenden Einrichtungen waren es zumeist weder kirchliche noch kommunale Gemeinden, sondern private Vereine, die als Träger in Erscheinung traten.

2.2 Gemeinsamkeiten und Unterschiede der Systementwicklung von öffentlicher Kleinkinderziehung und Schule bis zur Weimarer Republik

Wird idealtypisierend eine *zweite Phase* etwa von der Zeit nach der Reichsgründung bis zur Gründung der Weimarer Republik betrachtet, so zeigt sich wiederum dieses Muster von Ähnlichkeiten auf den ersten, zugleich aber gravierenden Unterschieden auf den zweiten Blick.

1) Differenzen und Gemeinsamkeiten in der Funktionssystembildung
Ein Wesensmerkmal gesellschaftlicher Modernisierung ist der Zusammenschluss von Organisationen zu *Funktionssystemen*. Ein Funktionssystem gilt aus systemtheoretischer Perspektive dann als ausdifferenziert, wenn es codegeführt einen hochselektiven Kommunikationszusammenhang zur Bearbeitung gesellschaftlicher Kernprobleme bildet und alle verfügbaren Personen entweder über Leistungs- oder Publikumsrollen in die funktionssystemischen Organisationen inkludiert (vgl. Kap. 1).

Im Bereich der Volksschule wurde der Zusammenschluss der vielen Volksschulen zu einem einheitlichen *Schulsystem* als gesellschaftlichem Funktionssystem endgültig in den 1880er Jahren erreicht. In diesem Zeitraum war die Vollbeschulung aller Kinder durchgesetzt. Von nun an begann die Schlussphase dieses Prozesses; jetzt ging es darum, die Strukturen und Prozesse des niederen und des höheren Schulwesens über politische und rechtliche Durchgriffsteuerung insbesondere gegenüber den kommunalen, kirchlichen und privaten Schulträgern zu harmonisieren.

Bereits in den 1870er Jahren kam es zu *wachsenden Normierungen und Rechtsvereinheitlichungen* vor allem zur Schulbesuchsdauer, zur Lehrerausbildung, zum Schulbau sowie zur Lehrmittel- und Schulbuchzulassung. Rechtliche Regulierungen wurden in wachsender Verdichtung bundesweit bindend über kultusministerielle und -bürokratische Zusammenarbeit, so z.B. über die Konferenzen zu Fragen des Höheren Schulwesens seit 1868, die Bundesschulkommission seit 1868 (seit 1873 als Reichsschulkommission), außerdem bundesstaatliche Kultusverhandlungen wie etwa die Konferenz deutscher Schulbeamter 1872, die Konferenz von Vertretern deutscher Bundesregierungen zur Besprechung von Fragen zu allen Gebieten des Schulwesens 1913, nicht zu vergessen die großen Reichsschulkonferenzen von 1890 und 1900 (vgl. OPPERMANN 1969, S.566f.).

Insgesamt also ist hier ein deutlicher Schub von *Inklusionen* erkennbar, wie er typisch ist für Modernisierungsprozesse. Tendenziell alle Angehörigen eines Jahrgangs wurden von nun an in das Schulsystem inkludiert, ebenso wurden die einzelnen Schulen ihrerseits über wachsende rechtliche und daraus folgende technische, administrative und professionelle Entwicklungen als ganze in dessen systemische Zusammenhänge inkludiert.

Im Gegensatz zu solchen Inklusionstendenzen sind für diese Phase der Entwicklung von Konzepten und Einrichtungen frühkindlicher Betreuung und Unterweisung eher Phänomene der *Exklusion* kennzeichnend. Besonders augenfällig ist das generelle Verbot der Kindergartenbewegung in Preußen und viele Einzelverbote in anderen deutschen Staaten in den 1850er Jahren. In der Restaurationsphase nach der gescheiterten Revolution von 1848 konnten reaktionäre Kräfte die Ausbreitung des Kindergartens und der mit ihm verbundenen Reformbestrebungen qua Durchsetzung eines Kindergartenverbots stoppen. Auch in anderen Staaten wie z.B. Sachsen und Bayern kam es zu

Schließungen von Einrichtungen. Das im Jahre 1851 erlassene und mit vermeintlich sozialistischen und atheistischen Grundorientierungen FRÖBELs begründete Verbot wurde erst 10 Jahre später wieder aufgehoben (vgl. REYER 2006, S.54ff; FRANKE-MEYER 2011, S.116ff).

Im Vergleich zu der sich erheblich schneller ausbreitenden Scholarisierung nahm die vorschulische Institutionalisierung von Kindheit wesentlich mehr Zeit in Anspruch. Insgesamt ist für den Verlauf der folgenden Jahrzehnte zwar einerseits die nicht aufzuhaltende signifikante Ausweitung und Vernetzung von Angeboten zu beobachten (vgl. KRIEG 2011). Nach Schätzung FRANZ-MICHAEL KONRADs besuchte um 1900 aber lediglich 6 Prozent der Kinder eines Jahrgangs eine entsprechende Einrichtung Die Zahlen angebotener Betreuungsplätze erhöhten sich kontinuierlich, , „[i]mmerhin hatte das Kaiserreich einen wahren Gründungsboom an Einrichtungen erlebt", für die Jahre um 1910 ist schließlich von einer Betreuungsquote von etwa 13 Prozent auszugehen (KONRAD 2013, S.631). Da aber von einem tatsächlichen Bedarf von schon damals um die 35 bis 40 Prozent der Gesamtkinderpopulation ausgegangen werden muss, ist dennoch, deutlich im Gegensatz zum Schulsystem, von einer Unterversorgung, d.h. einer drastischen Lücke zwischen Angebot und Bedarf, im Unterschied zur Vollversorgung auszugehen.

Zugleich kam es in den Folgejahren nach 1870 auch in der öffentlichen Kleinkindbetreuung, darin dem Schulsystem ähnlich, zu Tendenzen der *Zusammenführung* und Konzentration. Im Wesentlichen schälten sich die drei Konzepte des ‚Kindergartens' nach FRÖBEL, der evangelisch-diakonisch orientierten ‚christlichen Kleinkinderschule' sowie der an der katholischen Caritas-Konzeption ausgerichteten ‚Kleinkinderbewahranstalt' heraus, die jeweils verbandsförmige Organisationen ausbildeten. Damit standen zwei aus der christlichen Fürsorgetradition kommende sozialarbeiterische Konzepte einem weiteren Ansatz gegenüber, welcher den Kindergarten als Bildungseinrichtung konzeptualisierte.

Im Unterschied zu den zumeist konfessionell getragenen und in erster Linie als sozialfürsorgerische *Notfalleinrichtungen* verstandenen Kleinkinderschulen und Bewahranstalten war FRÖBEL bestrebt, den Kindergarten zukunftsweisend als *elementare Stufe des Bildungswesens* zu verorten, d.h. als Fundament, auf dem die Schule aufbauen soll (vgl. FRANKE-MEYER 2011, S.77).

Kindergärten und eine daran anschließende *Vor- und Vermittlungsschule* sollten für alle Kinder als Bindeglied zwischen familialer und schulischer Erziehung und Bildung fungieren. Mit seinen Forderungen fand FRÖBEL das Interesse und die Unterstützung von Teilen der Volksschullehrerschaft. Befürworter der Fröbel-Bewegung aus den Reihen der Volksschullehrerschaft wie z.B. AUGUST KÖHLER knüpften an den schulvorbereitenden Kindergartenbesuch die Erwartung, die Schuleingangsvoraussetzungen der Schulanfänger zu optimieren und homogenisieren (vgl. FRANKE-MEYER 2009, S.87).

Die zweite Hälfte des 19. Jahrhunderts war auf der Deutungsebene durch *scharf geführte Kontroversen* zwischen dem im Jahre 1873 ins Leben gerufenen Deutschen Fröbel-Verband und den Vertretern der konfessionellen Kleinkindererziehung geprägt. Letztere hielten an ihrer strukturkonservativen Position fest und konnten aufgrund ihres normativen Familienbildes die Kindertagesbetreuung weiterhin nur als sozialfürsorgerisches Angebot im Rahmen der Armenhilfe akzeptieren. Von daher stellte sich für sie die Frage des Verhältnisses zur Schule ebenso wenig wie diejenige nach einer Anhebung des Ausbildungsniveaus für die in der Kindertagesbetreuung beschäftigten Frauen (vgl. REYER 2006, S.95ff).

Eine Annäherung erfolgte erst zum Ende des Jahrhunderts, als die fröbelianisch orientierten Einrichtungen einerseits begannen, sozialarbeiterische Nothilfemotive zu berücksichtigen, während andererseits die christlichen Sozialhilfeeinrichtungen begannen, die didaktisch-methodischen Konzepte der Kindergärten zu übernehmen. Als Wegbereiterinnen der Annäherung zwischen Kindergärten und den konfessionellen Trägern öffentlicher Kleinkinderziehung gelten die Fröbelianerinnen BERTA VON MARENHOLTZ-BÜLOW und HENRIETTE SCHRADER-BREYMANN, die *Volkskindergärten* gründeten bzw. die Überführung von Kleinkinderschulen und Kinderbewahranstalten in Volkskindergärten anregten. Diese Einrichtungsform stand Kindern aus Familien der Arbeiterschaft ganztägig offen und verband den Aspekt der Sozialfürsorge mit dem FRÖBELschen Gedanken der frühkindlichen Bildung. Ein zentrales erzieherisches Anliegen von SCHRADER-BREYMANN bestand darin, im Volkskindergarten die unterkühlte ‚Anstaltsatmosphäre' der Bewahranstalten durch eine ‚Wohnstubenatmosphäre' im Sinn von PESTALOZZI und FRÖBEL zu ersetzen. Defizite in der Qualität der familialen Erziehung von Kinder aus unteren sozialen Schichten sollten in diesem Rahmen sozialpädagogisch kompensiert werden (vgl. ADEN-GROSSMANN 2011, S.35ff; ERNING 2000, S.173ff; REYER 2006, S.120).

Neben diesen neuen *erzieherischen Zielsetzungen* veranlassten Ambitionen im Bereich der *frühkindlichen Bildung* den Deutschen Fröbel-Verband 1874 zur Ausschreibung der Preisfrage: „In welcher Weise ist die organische Verbindung zwischen Kindergarten und Grundschule herzustellen?" Diese Frage galt dem auf FRÖBEL selbst zurückgehenden Anliegen der strukturellen Kopplung *von Kindergarten und Schule* vor allem in organisatorischer und didaktischer Hinsicht. Aus den Reihen des Fröbel-Verbandes wurden unterschiedliche Vorschläge zur organisatorischen Kopplung von Kindergarten und Schule unterbreitet (vgl. hierzu FRANKE-MEYER 2011, S.168ff.).

Am konsequentesten waren die Forderungen von KÖHLER, welche dieser auf der Generalversammlung des Deutschen Fröbel-Verbandes im Jahre 1875 in Weimar vorstellte. Danach sollte die ‚organische Verbindung' beider Einrichtungen unter der Zielperspektive stehen, einen individualisierten Übergang vom Kindergarten in die Grundschule zu ermöglichen. Dadurch werde der interpersonellen Heterogenität der kindlichen Entwicklungsverläufe pädagogisch Rechnung getragen. Dies erfordere die *Aufgabe der organisatorischen Selbstständigkeit des Kindergartens*, seine Einordnung als unterste Schulklasse in die Einzelschulen sowie die Einführung einer Kindergartenpflicht ab dem fünften Lebensjahr. Eine solche Kooperation unter einem Dach verlange eine Doppelqualifikation von Kindergärtnerinnen und Lehrpersonal. Lehrkräfte müssten ebenso mit den Erziehungsgrundsätzen und -methoden FRÖBELs vertraut sein wie umgekehrt Erzieherinnen mit den Methoden schulischen Lehrens und Lernens (vgl. FRANKE-MEYER 2009).

Mit solchen *strukturellen Integrationsforderungen* verknüpfte der Deutsche Fröbel-Verband das Ziel der gesellschaftlichen Aufwertung und Expansion des Kindergartens sowie der staatlichen Mitfinanzierung der Einrichtungen und des Personals. Zugleich sollte im Sinne einer vom Kindergarten ausgehenden Schulreform Einfluss auf die Schule genommen werden. So wurde zur Sicherstellung der Kontinuität des Bildungsgangs in der Bildungsbiographie der Kinder von der Schule ein Beitrag zur kooperativen Kopplung mit dem Kindergarten gefordert. Dieser sollte u.a. im Aufgreifen selbsttätigen, sinnlichen und handlungsbezogenen Lernens bestehen. Das verballastige und auf die Anschauung enggeführte schulische Lernen könne durch die „Verlängerung der vorschulischen Methodik hinein in die schulische Zeit", d.h. durch die Integration des FRÖBELschen „Darstellungs- und Tätigkeitsprinzip(s)" in den Unterricht überwunden werden (vgl. FRANKE-MEYER 2011, S.174).

Die bildungspolitischen und -theoretischen Forderungen des Fröbel-Verbandes nach einer *kooperativen Kopplung* von Kindergarten und Grundschule und mithin nach einer *strukturellen Integration* des Kindergartens in das Schulsystem blieben jedoch uneingelöste Postulate. Da die überwältigende Mehrzahl der Einrichtungen – ein weiterer Unterschied zum Schulsystem – weiterhin von privaten Trägervereinen verantwortet wurde, welche zudem zumeist christlich gebunden waren, kam es im Effekt auf der Ebene praktischer Arbeit zu einer mehr und mehr *fürsorgerisch-sozialarbeiterischen Akzentuierung* kinderbetreuender Einrichtungen.

Der Nothilfeansatz christlich motivierter Fürsorge wurde in Verbindung mit dem unbedingten Primat der Familie codiert, wodurch Bildungs- und Unterrichtungsbemühungen abgewertet wurden. So entwickelte sich die Tendenz in eine *andere Richtung* als im Schulsystem. Dieses ging zwar ebenso vom Eigenrecht des Familiensystems aus, betrachtete jenes aber nicht mehr als Vorrecht gegenüber dem Bildungssystem. Während der Zusammenhang von Schulen als System mehr und mehr auf Dauer gestellt wurde, war diesem Konzept sozialarbeiterischer Krisenhilfe inhärent, dass es gerade nicht auf Dauer abzielen sollte – die Durchsetzung der Familie als Leitsystem der Gesellschaft vorausgesetzt, wäre die außerfamiliäre Familienbetreuung überflüssig geworden.

Insgesamt lässt sich festhalten, dass sich die Kindertagesbetreuung im 19. Jahrhundert in der *Umwelt* des modernen Schulsystems entwickelte und in der traditionellen partikularen Struktur – vor allem kirchlich und privat organisierter Wohlfahrt – als familienergänzendes Betreuungssystem verhaftet blieb. Das unter Fachleuten diskutierte Ziel der organisatorischen Kopplung von Kindergarten und Grundschule blieb aufgrund der Deutungsmacht der konfessionellen Träger sowie wegen der vergleichsweise geringen Zahl von Fröbel-Kindergärten auf eine Minderheitenposition und konnte sich so nicht zu einem allgemein geteilten Deutungsmuster fortentwickeln. So entstand über die Jahrzehnte eine langsam wachsende Zahl von Einrichtungen mit heterogenen pädagogischen Orientierungen und Konzepten. Noch um 1910 klaffte mit einer Versorgungsquote von 5 bis 6 Prozent eines

Jahrgangs eine enorme Lücke zwischen Versorgung und Bedarf (MÜHLBAUER 1991, S.47f.).

2) Differenzen in der politischen und rechtlichen Steuerung

In der hier versuchten idealtypisierenden Prozessanalyse markieren die Reichsschulkonferenz von 1920 sowie die von ihr ausgehenden Folgewirkungen den wesentlichen Übergang von der zweiten zur *dritten Phase*. Hiermit wurde ein *Bruch* vollzogen, welcher die Gruppen frühkindlicher Hilfe- und Bildungseinrichtungen endgültig zur Umwelt des Bildungssystems werden ließen.

Diskussionen im politischen System hatte es schon im Deutschen Kaiserreich gegeben, allerdings waren diese nicht bis zur Schwelle klarer Steuerungsaktivitäten vorgedrungen. Die Jahre des Kaiserreichs waren durch rasante *Industrialisierung, Binnenmigration* und *Verstädterung*, durch starkes *Bevölkerungswachstum* sowie durch einen bemerkenswerten *demographischen Wandel* hin zu einer Verjüngung der Gesellschaft gekennzeichnet. Hiermit einher ging der Aufstieg der Sozialdemokratie wie der Gewerkschaftsbewegung.

Das politische System versuchte diesem Wandel über eine aktive Sozialpolitik gegenüberzutreten. Ähnlich der Logik in der entstehenden Sozialversicherung griff nun auch der Gedanke um sich, eine Art öffentlich betriebener Kleinkinderversorgung könne zur Lösung der damals viel diskutierten *sozialen Frage* beitragen. So kam es schließlich 1913 im preußischen Landtag, darauf weist KONRAD hin, zu der bemerkenswerten Situation, dass die konservative Fraktion im Kern die sozialdemokratische Forderung nach einem öffentlich finanzierten Betreuungssektor für Kleinkinder aufnahm. Am Vorabend des Ersten Weltkrieges war somit den verantwortlichen Fachpolitikern aller politischer Couleur klar, dass die bis dato in diesem Bereich vorherrschenden Organisationsformen der Privatwohlfahrt nicht mehr ausreichend sein würden (vgl. KONRAD 2013, S.631).

Freilich kam es im Kaiserreich noch nicht zu klaren politischen Steuerungsimpulsen. Vielmehr agierte Politik hier noch im Modus von vereinzelten Impulsen über das Rechtssystem. Wegweisend war etwa, im Privatrecht, das im Jahre 1900 verabschiedete BGB, welches in §1666, Abs.1 erstmals Probleme der *Kindeswohlgefährdung* ansprach und hierfür ein Eingriffsrecht des Staates vorhielt. Wegweisend war, dass in Großstädten erste Arten von *Jugendämtern* entstanden, welche die Möglichkeit boten, kindliche Verwahrlosung tatsächlich organisatorisch bearbeiten zu können (vgl. KRIEG 2011). Wegweisend war, dass in Preußen als dem bei weiten größten deutschen Bundesstaat mit der Reform des Höheren Mädchenschulwesens von 1908 eine folgenreiche Verkopplung höherer Mädchenbildung mit Ausbildungsinteressen in Bildungs-, Kultur- und Sozialberufen wie denen der Volksschullehrerin, der Volksbibliothekarin oder der Fürsorgerin angestoßen wurde. In diesem Geflecht wurde der Lehrgang des Lyzeums mit der Ausbildung zur *Kindergärtnerin* verknüpft; eine Entwicklung, die mit der ersten staatlichen Ausbildungs- und Prüfungsordnung für Kindergärtnerinnen von 1911 endgültig kodifiziert wurde.

Eine wirkliche *Wende* hin zu einer staatlichen Kindergarten-Politik aber setzte erst während des Ersten Weltkrieges ein. Da immer mehr Väter an der Front und immer mehr Mütter im Rüstungseinsatz waren, erwies sich ein gezielter Ausbau öffentlicher Kleinkinderbetreuung als unabwendbar. Nach KONRAD waren 1918 beinahe die Hälfte aller Kleinkinder betreuenden Einrichtungen staatlich subventioniert (vgl. KONRAD 2013, S.632).

Letztendlich lagen also die Interessen des politischen Systems im Kaiserreich eindeutig auf Seiten sozialer Themen; bildungspolitische Aspirationen waren mit dem langsamen Auf- und Ausbau der Kleinkinder betreuenden Einrichtungen nicht verbunden. Diese Lage änderte sich strukturell erst in der frühen Weimarer Republik, wenngleich es auch hier letztlich zu keinem bildungspolitisch motivierten Schwenk gegenüber sozialpolitischen Motiven kam. Nach Jahrzehnten politischen Lavierens war hier zunächst sehr wohl der Impuls zu engagierter staatlicher Planung mit einer klaren Steuerungsabsicht des politischen Systems im Sinne einer *hierarchischen Kopplung* über neue rechtspolitische Initiativen zu erkennen.

Zunächst fällt auf, dass von jetzt an Fragen der Erziehung nicht mehr nur als Teilbereich des Privatrechts, sondern als *grundlegende verfassungsrechtliche Fragen* aufgefasst wurden. Bereits in der Weimarer Reichsverfassung von 1919 war in Art.120 zwar das besondere Primat der Familie für alle Fragen der Erziehung festgeschrieben worden, zugleich aber wurde die politische Absicht verdeutlicht, die Eltern-Kind-Verhältnisse nicht mehr als autonome Räume auffassen zu wollen. Dementsprechend erklärte Art.120 die Grenzen des elterlichen Naturrechts an der ‚Wacht' der ‚staatlichen Gemeinschaft', dementsprechend präzisierte Art.121 die staatliche Gemeinschaftsaufgabe, ‚den unehelichen Kindern' ‚durch die Gesetzgebung' gleiche Lebenschancen wie Kindern aus normalfamiliären Verhältnissen zu eröffnen, dementsprechend erklärte schließlich Art.122 die Möglichkeit staatlicher Intervention in Fällen von ‚Ausbeutung' im Sinne des Schutzes gegen ‚geistige, sittliche und körperliche Verwahrlosung'.

Diesen verfassungsrechtlichen Neuerungen, welche zum ersten Mal die Tatsache in den Blick nahmen und aussprachen, dass Familie mitnichten immer der Hort aller Glückseligkeit ist, sollten konkrete politische Taten folgen. Erkennbar wird mit der Reichsschulkonferenz von 1920 der Versuch einer *kontextsteuernden Initiative*. Unter treibender Initiative des sozialdemokratisch geführten Innenministeriums, hier insbesondere seines Staatssekretärs HEINRICH SCHULZ, kam es zu dieser Versammlung von über 650 Bildungsfachleuten. Im Zentrum der Konferenz stand die Frage des zukünftigen Aufbaus des Schulsystems. Erklärte Zielstellung war, die Interessen der Bundesstaaten einerseits, einbezogen schon durch vorbereitende Papiere seit 1919, sowie die Interessen und Meinungen des gesamten reformpädagogischen Milieus andererseits, dieses repräsentiert durch Vertreter aller ihrer wesentlichen Strömungen und Flügel, zusammenzuführen. So sollte ein gemeinsamer Nenner gefunden werden, welcher sowohl den rechtlichen Regelungen der einzelstaatlichen Kultusbürokratien wie dem praktischen Tun der pädagogischen Einrichtungen Orientierung geben sollte (vgl. BRAUNE 2003, S.105ff.). Diese Initiative zeitigte nur zu Teilen Erfolge.

Von der Reichsschulkonferenz gingen Impulse zur *weiteren Integration* des Schulsystems aus. Zwar wurde an gestuften und auch konfessionell eingebundenen Schulgliederungen festgehalten. Aber dennoch kam es, auf Setzungen der Weimarer Reichsverfassung in den Artikeln 140ff. aufbauend, mit der Einführung der Schulpflicht wie mit der Durchsetzung einer gemeinsamen Grundstufe der Volksschule als Grundschule zu einer weiteren *systemischen Integration* des Bildungssystems. Damit wurden die Vorschulen des höheren Schulwesens obsolet, höheres und niederes Schulwesen wuchsen endgültig in einem Schulsystem zusammen.

Eine völlig konträre Entwicklung nahmen hingegen die kinderbetreuenden Einrichtungen. Hier wurde ein weiterer struktureller Integrationsprozess durch die Irritation juristischer wie kulturkritischer Reflexion gerade *ausgebremst*.

Die insbesondere von der bildungspolitischen Linken vertretene Position, kinderbetreuende Einrichtungen in die Hand der Schulträger zu geben und sie als schulvorbereitende Bildungseinrichtungen aufzufassen, entpuppte sich im Kindergartenausschuss der Reichsschulkonferenz als deutliche Mindermeinung. Sogar die Vertreter des ‚Deutschen Fröbelverbandes', die sich traditionell für eine Verbindung des Kindergartens mit der Schule einsetzten, ließen von dieser Forderung ab und plädierten fortan für einen ‚eigenständigen Bildungsauftrag des Kindergartens' *in Abgrenzung* zur Schule. Insgesamt rückte deutlich die noch im 19. Jahrhundert wurzelnde Position in den Vordergrund, kinderbetreuende Einrichtungen gegenüber den Familien nach dem Subsidiaritätsprinzip als Nothilfeeinrichtungen aufzufassen. Dementsprechend wurden sie mehrheitlich nicht einmal als *sozialpädagogische*, sondern eher als *sozialarbeiterische* Einrichtungen der Nothilfe und Fürsorge aufgefasst.

War die Entwicklung von Einrichtungen zur Kleinkindbetreuung schon bis dahin der Dynamik der Schulentwicklung hinterher gehinkt, so wurde durch diese bremsenden Diskussionsverläufe der Kultusbürokratie wie der interessierten Fachöffentlichkeit die Entwicklung konkret verlangsamt und in eine *andere Richtung* gelenkt. Eine wesentliche Rolle spielte hierbei nicht zuletzt auch die schwierige wirtschaftliche Lage in der jungen Weimarer Republik. So waren es, ganz pragmatisch, die Kommunen, die heftig gegen die Eingliederung der Kinder betreuenden Einrichtungen in das öffentliche Bildungssystem opponierten. Die Kommunen hatten noch aus der Kaiserzeit in Erinnerung, welche immensen Lasten ihnen der Auf- und Ausbau des Volksschulwesens aufgebürdet hatte; der Aufbau einer weiteren Systemebene hätte ihre damaligen finanziellen Möglichkeiten klar überstiegen (vgl. KONRAD 2013, S.633).

Im Effekt von Debatten und Strukturnotwendigkeiten wurden Kinder betreuende Einrichtungen von nun an endgültig zur *Umwelt* des Schulsystems. Anders ausgedrückt: Kindergärten wurden als ‚Sozialhilfeeinrichtungen' von Schulen als ‚Bildungseinrichtungen' politisch und rechtlich geschieden.

Mit der Verabschiedung des Reichsgesetzes für Jugendwohlfahrt (RJWG) 1922 und seinem In-Kraft-Treten 1924 wurden kinderbetreuende Einrichtungen vom juristischen System in Folge dieser politischen Debatten klar als *fürsorgerische Nothilfeeinrichtungen* definiert. Ihre Funktion wurde vom politischen System nicht als genuine eigenständige Bildungsaufgabe, sondern als subsidiäre, dem Familiensystem für Notfälle der Unterversorgung nachgeordnete aufgefasst (vgl. KONRAD 2013, S.634).

Diese klare Positionierung hatte *einerseits* durchaus in gewisser Hinsicht impulsgebende Bedeutung für *Ansätze* einer eigenständigen Systembildung. Nach den Ausführungsbestimmungen des RJWG wurden kinderbetreuende Einrichtungen unter die staatliche Aufsichtspflicht der Jugendbehörden gestellt. Diese juristische Kodifizierung hatte zur Folge, dass die Reichsländer ihre Aufsichtsregelungen vereinheitlichen und meistenteils verändern mussten. Nach den bisherigen Aufsichtsregelungen der früheren Bundesstaaten bzw. nunmehrigen Reichsländer waren vielfach die Schulaufsichtsbehörden für diesen Bereich zuständig gewesen. In Folge des RJWG wurden die Kindergärten nun bei den sich durchsetzenden Jugendämtern ressortiert (vgl. KONRAD 2013, S.634). Mit den neuen Aufsichtsbehörden kam es zu einem Schub an Richtlinien und Verordnungen. Diese führten erstmals zu einer beginnenden Regulierung und Standardisierung von Merkmalen der Strukturqualität wie Gruppengrößen, Raumausstattungen, Mindestausbildungsniveaus der Mitarbeiterinnen, etc. Hier ist also deutlich zu erkennen, wie der Bereich frühkindlicher Betreuung durch *politische Kontextsteuerung* über *juristische Kodifikation* klar der Umwelt des Schulsystems als eigenständiger Bereich zugewiesen wurde. In gewisser Weise wurden kinderbetreuende Einrichtungen so gezwungen, im kleineren Maßstab typische Entwicklungen nachzuvollziehen, wie sie von schulischen Einrichtungen bereits im 19. Jahrhundert vollzogen worden waren.

Andererseits ist zu betonen, dass es so zu keiner Ausdifferenzierung eines frühkindlichen Betreuungssystems kam, welches der Entwicklung des Schulsystems seit dem 19. Jahrhundert analog gesetzt werden könnte. Das Bild einer *ausgebremsten Entwicklung* kann dabei sowohl qualitativ wie quantitativ interpretiert werden.

Qualitativ fällt auf, dass es – anders als im Schulsystem – zu keiner weiteren Integration von Organisationen frühkindlicher Betreuung zu einem gesellschaftlichen Funktionssystem der frühkindlichen Betreuung kam. Es blieb bei der Organisationspraxis durch diverse Träger der freien Wohlfahrtspflege. Diese könnten nun, so regte es das RJWG, §4 im Sinne einer *politisch motivierten Kontextsteuerung* an, ggf. durch Anregungen der kommunalen Jugendämter vernetzt werden. Diese *extrem weiche juristische Kodifizierung* entsprach dem Interesse der Kommunen wie deren Spitzenverbänden, dieses Aufgabenfeld möglichst fern vom kommunaler Trägerverantwortung und Finanzierung zu halten. Diese wollten verhindern, dass hier im Effekt die Gefahr einer finanziell nicht unbedeutenden weiteren Trägerschaft zur ohnehin schon bestehenden Schulträgerschaft hinzutrat. Zu erinnern ist außerdem daran, dass die meisten Kommunen in den 1920er Jahren überhaupt erst einmal die Vernetzungsinstanz ‚Jugendamt' schaffen mussten. Alleine mit dem Aufbau dieser verwaltungstechnischen Seite waren viele Kommunen schon weidlich ausgelastet, wenn nicht überlastet (vgl. RAUSCHENBACH 2000, S.467).

Quantitativ fällt nach den Untersuchungen von REYER auf, dass die Anzahl von Einrichtungen in der Weimarer Republik gegenüber dem Stand von 1910 mehr oder weniger gleich blieb, wohingegen die Anzahl der Betreuungsplätze sogar leicht sank (vgl. REYER 2006, S.134ff.). Somit ist auch von dieser Seite der Befund als bewährt anzusehen, dass es zu *keiner weiteren Inklusion* von Kindern in Betreuungseinrichtungen kam.

Die politische Zementierung des aus dem 19. Jahrhundert stammenden Nothilfemotivs öffentlicher Kleinkinderziehung durch das RJWG kann aus frühpädagogischer Perspektive insgesamt als *ambivalent* eingeschätzt werden.

Einerseits dokumentiert sich in der Gesetzgebung das sich kontinuierliche Staatsinteresse, das von einer kontrollierenden Beobachtung der Einrichtungen zum Zwecke des Ausschlusses unerwünschter Träger zu einer aktiven politischen Einflussnahme voranschritt. Vor allem die deutlich zu Tage getretenen erzieherischen Missstände in den Kleinkinderschulen und -bewahranstalten, deren schlechte Betreuungsschlüssel sowie das unzureichende pädagogische Angebot waren politisch nicht länger legitimierbar. Das RJWG schrieb die Einrichtung von Jugendwohlfahrtsbehörden vor, welche die in privater und kirchlicher Trägerschaft bleibenden Einrichtungen der öffentlichen Kleinkinderziehung zu überprüfen und ggf. zu schaffen hatten. Die historische Leistung des Gesetzesbeschlusses besteht für WILHELM BRINKMANN darin, dass

„Erziehung nun endgültig nicht mehr nur als eine private (familieninterne) Aufgabe, sondern vor allem auch als eine öffentliche (gesellschaftliche) Angelegenheit thematisiert [wurde. Damit wurde die] Vergesellschaftung des Generationenverhältnisses durch die Tätigkeit des Staates – durch rechtliche Normen, soziale Kontrolle und gesetzlichen Schutz – und durch die Einbeziehung öffentlicher Instanzen (der Sozialarbeit) in den familialen Erziehungsprozess vorangetrieben" (BRINKMANN 2008, S.18).

Andererseits war mit dem RJWG „die historische Chance auf die Eingliederung des Kindergartens in ein einheitliches Bildungssystem" auf lange Zeit gescheitert (GERNAND/HÜTTENBERGER 1989, S.59). Dieses Scheitern war neben der einflussreichen familienkonservativen Position der konfessionellen Träger strukturell durch den Ausbau des Volksschulwesens bedingt, der das gesamte bildungspolitische Interesse auf sich zog und die für Bildungsausgaben bereitgestellten finanziellen Mittel absorbierte.

2.3 Zur Stagnation der Systementwicklung von Kindergarten und Grundschule im Nationalsozialismus und in der Nachkriegszeit

Die als *vierte Phase* aufzufassende Zeit des Nationalsozialismus war durch den expliziten politischen Anspruch gekennzeichnet, klare Führungsprinzipien im Sinne einer politischen *Durchgriffsteuerung* durchzusetzen. Dementsprechend kam es, nicht zuletzt in Folge der Entmachtung der Reichsländer und der Zentralisierung der Kultusbürokratie, sowohl im Schulsystem wie im Bereich der kinderbetreuenden Einrichtungen zu weiteren Vereinheitlichungen. Bezüglich des Schulsystems ist hier insbesondere die Festschreibung und Vereinheitlichung des dreigliedrigen Schulsystems zu nennen, die allerdings zugleich durch diverse parteipolitisch motivierte Sonderformen sowie durch den Erziehungsanspruch der Partei und ihrer Gliederungen konterkariert wurde (vgl. LANGEWIESCHE/TENORTH 1989; GAUS 2009). Bezüglich der kinderbetreuenden Einrichtungen sind die durchaus erfolgreichen Bemühungen der ‚Nationalsozialistischen Volkswohlfahrt' (NSV) zu nennen, welche, nach dem Verbot etwa von Montessori-, Waldorf- oder Fröbel-Einrichtungen, die Masse konfessionell getragener Einrichtungen zurückdrängen sollten.

Zugleich aber ist für die Zeit des Nationalsozialismus *keine weitere Systementwicklung* erkennbar. Dieses lag einerseits an den inhärenten Widersprüchen des Systems, die grundsätzlich gegen eine freie Systementwicklung standen und im Einzelfall vielfältige Inkonsistenzen aufwiesen. Dieses war andererseits in der Logik der Ideologie begründet, die auf eine generelle Bildungsbeschränkung ebenso wie auf eine Betonung der Familienideologie hinausliefen. Generell zeigten sich hier die Grenzen einer vormodernen Art der *Durchgriffsteuerung*, welche auf der Annahme beruhte, die Pluralität moderner interessenteiliger Gesellschaften ignorieren zu können.

In einer idealtypisch zu setzenden *fünften Phase* wären die Entwicklungen in den vier Besatzungszonen bzw. in den beiden deutschen Staaten in der Nachkriegszeit zusammenzufassen. Vor dem Hintergrund der Gräuel des Nationalsozialismus, seinen Versuchen einer Gleichschaltung der öffentlichen Kindertagesbetreuung mit den Mittel politischer Durchgriffssteuerung, welche, je nach Modellannahme, ein Viertel bis ein Drittel der Institutionen erreichte, sowie einer erziehungsstaatlichen Ideologie, die beginnend im vorschulischen Alter eine militärische Jungenerziehung zum ‚Kämpfer', ‚Soldaten' oder ‚Führer' und eine Mädchenerziehung zur zukünftigen ‚Mutterschaft' intendierte (vgl. ADEN-GROSSMANN 2002, S.96), setzten in den 1950er Jahren in der DDR und der BRD unterschiedliche Entwicklungen bzw. Wiederherstellungen von Bildungsstrukturen ein.

Hier sind deutliche Unterschiede zu notieren. In der *sowjetischen Besatzungszone bzw. in der DDR* etablierte sich erneut ein politisches System, welche auf *zentralistische Durchgriffsteuerung* setzte. Diese setzte, unter den Bedingungen einer relativ abgeschlossenen Gesellschaft, einen völligen *Systemumbau* um. Schon vor 1949 wurden kinderbetreuende Einrichtungen in ihrer Gesamtheit zur untersten Stufe des Bildungssystems erklärt. Ihnen wurde demgemäß ein schulvorbereitender Charakter zugewiesen, womit zum ersten Mal in der deutschen Geschichte die traditionelle systemische Trennung zwischen Kindergarten und Schule überwunden wurde. Freie Träger wurden abgeschafft. Diese Entwicklung wurde durch das ‚Gesetz über das einheitliche sozialistische Bildungssystem' von 1965 explizit bestätigt und nochmals erweitert. Dem Kindergarten wurde eine explizit schulvorbereitende Funktion zugewiesen. Die Kinderkrippen blieben zwar nach §10, Abs. 5 weiterhin im Geltungsbereich des Gesundheitsministeriums, jedoch wurde auch ihnen in §10, Abs. 2 eine altersadäquate Bildungs- bzw. Entwicklungsaufgabe zugesprochen.

Zuständig für die Kindergärten wurde das Volksbildungsministerium. Im *direkten Ein- und Zugriff* eines totalitären erziehungsstaatlichen Konzepts wurde in der Präambel sowie in den §§ 2, 4 und 7 das Eigenrecht der Familie als eigenständiges System eingeschränkt, insofern der elterliche dem staatlichen Erziehungs- und Bildungsauftrag hier letztendlich untergeordnet wurde. Zielstellung war in Bezug auf Kinderhorte, Kindergärten und auf Schulen die zumindest teilweise Vergesellschaftung von Erziehung. Dementsprechend kam es schon früh zu einer *Vollinklusion* aller Kinder in die Kindertagesbetreuung. Bereits ab den 1960er Jahren wurde in der DDR die Kinderbetreuung zielstrebig ausgebaut. Die Versorgung mit Krippenplätzen erreichte hier mit 80,2 Prozent im Jahre 1989 den höchsten Stand Europas, Kindergartenplätze standen darüber hinaus zu 97,4 Prozent zur Verfügung (REYER 2006).

Völlig anders verlief die Entwicklung in den *westdeutschen Besatzungszonen bzw. in der Bundesrepublik Deutschland*. Unter den Bedingungen einer *offenen Gesellschaft* war eine derart rigide Durchgriffsteuerung des politischen Systems nicht möglich; inhaltlich waren einschneidende Veränderungen auch *nicht gewünscht*. Generell strebte schon die Politik der Besatzungszonen wie auch die der frühen Bundesrepublik zurück zur Wiederherstellung jener Strukturen, wie sie in der Weimarer Republik vorherrschend gewesen waren.

Anknüpfend an das bürgerliche Verständnis von Familie, Erziehung und Kindheit, das als Grundlage für die Widerherstellung einer zivilisierten gesellschaftlicher Ordnung galt, wurde die *öffentliche Kindertagesbetreuung konzeptionell* bis in die 1960er Jahre auf ihre im 19. Jahrhundert wurzelnde Funktion als sozialpädagogische *Nothilfeeinrichtung* reduziert, die Familien nur bei fehlenden Betreuungsmöglichkeiten in Anspruch nehmen konnten (vgl. ERNING 2000, S.181). Dementsprechend wurde der Kindergartenbereich wieder bei der Kinder- und Jugendhilfe ressortiert, wurden die traditionell hier engagierten freien Träger wieder in ihr Recht gesetzt und wurde die konzeptionelle Vielfalt zwischen sozialarbeiterisch-fürsorgerischen, sozialpädagogisch-jugendpflegerischen und vorschulisch-bildungsorientierten Entwürfen wieder zugelassen.

Für die Gründungs- und Aufbauphase der BRD ist somit auf der Deutungsebene eine Retraditionalisierung familialer Lebensformen mit der bürgerlichen geschlechtsspezifischen Arbeitsteilung festzustellen, in welcher „die frühe Kindheit [...] erneut als Familienkindheit festgeschrieben [wurde]" (PATERAK 1999, S.155). In der Konsequenz blieb der Kindergartenbereich auf der Strukturebene gegenüber dem Schulbereich marginal, der Versorgungsgrad mit Kindergartenplätzen lag nur unwesentlich über dem der Weimarer Republik. Insgesamt ist hier also eine deutliche, durchaus vom politischen System auch so gewollte Verlangsamung bzw. sogar *Umkehr von Systementwicklungsprozessen* zu konstatieren.

2.4 Politische Steuerung durch Bildungsgesamtplanung – zur politischen Anregung einer kooperativen Kopplung von Kindergarten und Grundschule in der Bildungsreform der 1960er und 1970er Jahre

Grundsätzliche Veränderungen deuteten sich in der Bundesrepublik erst in der Reformära der sogenannten *Bildungsgesamtplanung* der 1960er und frühen 1970er Jahren an, die hier als *fünfte Phase* im Verhältnis von Kindergarten und Grundschule gefasst wird. Obgleich unter den Bedingungen der offenen westdeutschen Gesellschaft niemals der Gedanke einer Durchgriffsteuerung analog zu sozialistischen Systemen hätte Anklang finden können, mehrte sich in dieser Expansions- und Modernisierungsphase des Bildungssystems die Zuversicht in eine *technokratisch motivierte politische Planung.* Zuvor galt Planung über die Reichweite einzelner Organisationen hinaus als verpönt und wurde in die Nähe sozialistischer Planwirtschaft gerückt (vgl. SCHIMANK 2009, S.233). Jetzt kam es zum Versuch des politischen Systems, unter Beratung des Wissenschaftssystems Bildungspolitik dazu zu ermächtigen, über das Rechtssystem Strategien direkt gliedernder politischer Intervention und Direktion durchzusetzen.

Dass es zu dieser Veränderung im politischen Steuerungsdenken kam, war unter anderem Folge der Systemkonkurrenz mit dem Ostblock. Das politische System zeigte sich irritiert u.a. vom sog. *Sputnik-Schock.* Die Erkenntnis einer bisher nicht für möglich gehaltenen Leistungsfähigkeit des Konkurrenzsystems im Jahre 1957 war in den Folgejahren sprechender Ausdruck einer tiefgehenden Verunsicherung. Der Westen interpretierte dieses Ereignis als wissenschaftlich-technischen Vorsprung des Ostens auch im Hinblick auf Vorsprünge im polytechnischen Bildungs- und Erziehungsbereich; es befürchtete, in der Konkurrenz um bessere Technik und höheren Lebensstandard unterlegen zu sein. Der *Sputnik-Schock* bildete so das Initialereignis für die einsetzende Kritik an den veralteten Strukturen westlicher Bildungssysteme. Vor diesem Hintergrund wurden überall in der westlichen Welt Bildungsreformen eingeleitet, zunächst in den USA, seit dem Ende der 1960er Jahre auch in der Bundesrepublik.

Auf der Ebene pädagogisch-gesellschaftlicher *Deutungsmuster* waren Stichwortgeber dieser Reformbestrebungen in der BRD u.a. GEORG PICHT und RALF DAHRENDORF, die sich für die Diagnose und Förderung der in den unteren Sozialschichten vielfach ungenutzten bzw. verkannten Begabungen einsetzten (vgl. PICHT 1964; DAHRENDORF 1965). PICHT rief eine deutsche *Bildungskatastrophe* aus, DAHRENDORF betonte, dass Bildung ein Menschenrecht sei. Diese und andere Autoren machten auf signifikante Bildungsbenachteiligungen und bisher brachliegende Ressourcen im deutschen Bildungssystem aufmerksam. PICHT ging es vor allem um den Fortschritt in Wissenschaft und Technik zur Sicherstellung der internationalen Wettbewerbsfähigkeit der deutschen Wirtschaft, während DAHRENDORF die Verbindung von ökonomischen mit gesellschaftspolitischen Zielsetzungen betonte. Ausgehend vom Gedanken, dass Bildung ein allgemeines Menschenrecht sei, forderte er Chancengleichheit in der Teilnahme an höherer Bildung, um Schichtenmobilität sowie die Schaffung von Bildungsvoraussetzungen für die Wahrnehmung von Bürgerrechten zu fördern.

Diese gesellschaftspolitischen Diskurse über die Leistungsfähigkeit der konkurrierenden Bildungssysteme gewannen weitere Dynamik mit der Studentenbewegung, die ebenfalls für den *Abbau von Bildungsungleichheiten* und darüber hinausgehend für den *Aufbau emanzipatorischer Bildungsmöglichkeiten* eintrat. Parallel entwickelten sich neue gesellschaftswissenschaftliche Fragestellungen und Methoden im Wissenschaftssystem, welche zum Aufschwung von Disziplinen wie Soziologie, Politologie, Psychologie und auch Erziehungswissenschaft führten (vgl. UHLE 2004).

In dieser Konstellation wurde eine enge Koppelung der Diskurse von Bildungspolitik und Erziehungswissenschaft möglich. In ihnen verband sich das gesellschaftspolitische Interesse an einer *Ausschöpfung von Begabungsreserven*, wie es in der Sprache jener Zeit hieß, mit einem wissenschaftlichen Interesse an den Umwelteinflüssen auf die menschliche Entwicklung. Erziehungswissenschaft, Psychologie und Soziologie diskutierten gegenüber den bis dahin dominanten anlagetheoretischen Begabungsannahmen verstärkt entwicklungspsychologische Erkenntnisse zur prinzipiellen Lernfähigkeit des Kindes sowie zu deren prinzipieller Unterstützung. Der von HEINRICH ROTH 1968 herausgegebene Band ‚Begabung und Lernen' war sprechender Ausdruck dieser Paradigmenwende (vgl. ROTH 1968).

Hintergrund dieser Entwicklung jener Jahre war die von beiden Seiten im Zuge der Hoffnungen auf eine ‚realistische Wendung' wie auf eine staatlich angeleitete Gesellschaftsmodernisierung forcierte *strukturelle Koppelung* zwischen dem *Wissenschaftssystem* und dem *politischen System*. Beide Systeme, so die Kommunikation unter ihnen, sollten durch den Aufbau spezifischer *Vermittlungsorganisationen* gekoppelt werden. Zu erinnern ist hier vor allem an Expertengremien wie den deutsche Bildungsrat, der wissenschaftlich fundierte Empfehlungen für die Bildungsreform vorlegen sollte, und Forschungseinheiten für die Durchführung von Begleitstudien und Bildungsplanungen, die Daten als Grundlage für bildungspolitische Entscheidungen sammeln sollten.

Die Kommunikation in wie zwischen den Systeme Politik und Wissenschaft lief zu jener Zeit darauf hinaus, dass als Ergebnis ihrer verstärkten Zusammenarbeit eine wissenschaftsorientierte Basis für den gezielten Eingriff in gesellschaftliche Systeme hinein zu erwarten sei. Diese Hoffnung betraf nicht nur das Bildungssystem; vielmehr war jenes nur eines von vielen Systemen, die, als Ergebnis der neuen Kopplung, damals gewissermaßen von oben ‚durchgeplant' werden sollten. Letztendlich war das bestimmende Deutungsmuster jener Jahre das eines möglichen *social engineering* (vgl. AMOS 2011, S.230).

Als wesentlichstes und sichtbarstes Zeichen dieses neuen Politikverständnisses wurde ab 1965 der *Deutsche Bildungsrat* aufgebaut. Seine Arbeit, entstanden aus der Kooperation von wissenschaftlicher Expertise und politischer Einflussmacht, welche ihrerseits wiederum aus der strukturellen Kopplung von Bundesinteressen und Kultushoheit der Bundesländer erwuchs, sollte darauf zielen, das Bildungssystem gezielt in eine neue Richtung zu lenken.

Der *Strukturplan für das Bildungswesen* von 1970 war ein zentrales Ergebnis dieser Bemühungen. Zum ersten Mal in der Bundesrepublik wurde von einem offiziellen Gremium das Bildungssystem als *vierstufiges System* aus Elementar-, Primar-, Sekundar- und Weiterbildungsbereich interpretiert (vgl. DEUTSCHER BILDUNGSRAT 1970, S.98ff.). Auf dieser Basis kam es zunächst zu weiteren *strukturellen Kopplungen* zwischen Bundesländern und Bundesregierung.

Die *Bund-Länder-Kommission für Bildungsplanung* (BLK) erarbeitete den *Bildungsgesamtplan* von 1973. Dieser war als Rahmenplan konzipiert, entlang dessen das politische System einheitliche Steuerungsvorgaben in das Funktions- wie in das Organisationssystem von

Bildung hinein leisten wollte. Darin wurde der Kindergarten konzeptionell als Bildungseinrichtung betrachtet, ihm wurde ein Bildungsauftrag zugesprochen und seine *strukturelle Integration in das Bildungssystem hinein als Elementarbereich* wurde beabsichtigt. Folgerichtig wurde auch die kooperative *Kopplung* des neuen Elementarbereichs mit dem Primarbereich (Grundschule) des Bildungssystems gefordert.

Als *zentrale Aufgaben* der vorschulischen Erziehung wurden die Schulvorbereitung und die kompensatorische Förderung von Kindern hervorgehoben, um milieubedingte Unterschiede in der Begabungsentwicklung möglichst frühzeitig entgegenzuwirken. Bereits im Strukturplan des Bildungsrates richteten sich die Empfehlungen auf eine Vorverlegung des Schuleintrittsalters durch den Aufbau einer zweijährigen Eingangsstufe des Primarbereichs, in der Kinder vom vollendeten fünften Lebensjahr an gefördert werden sollten. An der Gestaltung der Eingangsstufe sollten auch Fachkräfte aus dem Elementarbereich mitwirken (DEUTSCHER BILDUNGSRAT 1970, S.119f.).

„Diese neu einzurichtende Brückeninstitution sollte die besondere Lernfähigkeit der Vorschulkinder nutzen und sowohl den Übergang vom Kindergarten in die Grundschule erleichtern als auch die ungleichen Lernvoraussetzungen der Schulanfänger ausgleichen" (FAUST 2006, S.329).

Solche Vorstellungen bezogen auch die Veränderung des früh- und grundschulpädagogischen *Tätigkeitsfeldes* mit ein. Ein sogenanntes Zwei-Pädagogen-System mit einer Lehrerin und einer sozialpädagogischen Fachkraft sollte zu diesem Zweck eingerichtet werden.

Die Umsetzung dieser von starken steuerungspolitischen Absichten getragenen Empfehlungen des Strukturplans und in der Nachfolge des Bildungsgesamtplans *scheiterte* allerdings an zwei Faktoren. Zum einen traten innerhalb des politischen Systems Widersprüche zwischen dem Bund und den Ländern ebenso wie unter den Ländern ihrerseits bald wieder offen zutage. Ebenso musste erkannt werden, dass die Belange des Wirtschaftssystems hinsichtlich der Möglichkeiten nicht genügend berücksichtigt worden waren, die Finanzierbarkeit eines solchen angeordneten und geplanten Systemum- und -ausbaus zu gewährleisten.

Vor allem aber berücksichtigte dieser *bisher letzte Versuch einer direkten Durchgriffsteuerung* nicht die Eigendynamik, die inhärenten Entwicklungslogiken und die Beharrungskräfte des Schulsystems wie des Komplexes von Trägern und Einrichtungen frühkindlicher

Betreuungs- und Bildungseinrichtungen. Er berücksichtigte, konkret in Bezug auf den Kindergarten, nicht, dass inzwischen über 100 Jahre ins Land gegangen waren, in denen Kinder betreuende Einrichtungen auf der Strukturebene faktisch mehrheitlich als Betreuungs- und nicht als Bildungseinrichtungen aufgefasst worden waren. Dementsprechend kommt SCHIMANK zu folgender Einschätzung:

> „Die Planung ‚von oben herab', die man bis dahin praktiziert hatte, funktionierte offensichtlich nicht, weil das jeweilige Planungsobjekt eben nicht bloß ein passiver, seiner Formung durch die staatliche Politik willig über sich ergehen lassender Gegenstand ist, sondern eigenwillig und eigensinnig agiert" (SCHIMANK 2009, S.233).

Das Ergebnis dieser Phase kann insgesamt als *ambivalent* eingeschätzt werden. Die angestoßenen Reformen führten tatsächlich zunächst zu *internen Differenzierungsprozessen* im Bildungssystem. Schon bald aber zeigten sich die *Grenzen einer direkten Interventionssteuerung*. Das Konzept einer übergreifenden Bildungsgesamtplanung im politischen System fuhr sich schnell in den 1970er Jahren fest und scheiterte an ihren eigenen Widersprüchen (vgl. ANWEILER 1990). Auch bezüglich der konkreten Umsetzungsebenen im Bildungssystem ist diese Einschätzung zu konstatieren: Versuche zur faktischen Umstrukturierung der System-Umwelt-Beziehungen mit Blick auf die *strukturelle Integration* des Kindergartens in das Bildungssystem scheiterten bald.

Zwar erkannte das politische System 1970 über die symbolische Ebene des Bildungsgesamtplans erstmalig alle privaten und öffentlichen Kindertageseinrichtungen als Bildungseinrichtungen und damit als Stufe eines Elementarbereichs des Bildungssystems formal an. Tatsächlich neue *strukturbildende Vermittlungsversuche zwischen Elementar- und Primarbereich* wie die Einführung funktionsspezifischer Förderprogramme im Kindergarten oder die Einrichtung einer zweijährigen Eingangsstufe im Primarbereich überschritten jedoch nicht die Ebene wissenschaftlicher Modellprojekte. Die Mitte der 1970er Jahre abklingende bildungspolitische Reformeuphorie führte zu einer neuerlichen Bestätigung der organisatorisch-politischen Zuordnung der Kindertagesbetreuung zum Bereich der Jugendhilfe in expliziter Abgrenzung zum Schulsystem (vgl. MÜNDER 2006, S.319). Auch hier kam es einerseits zu Festschreibungen von Kindergarten- bzw. Kindertagesstättengesetzen auf Länderebene, was den rechtlichen Rahmen für diese Einrichtungen festigte. Andererseits aber erfolgte diese rechtssichernde Tendenz nun wiederum, in neuerlicher Kehrtwende, nicht im Rahmen der Bildungs-, sondern im Rahmen der Jugendhilfegesetzgebung.

Zwar wurde der durch die kinderbetreuenden Einrichtungen angebotene Versorgungsgrad kontinuierlich erhöht, so dass er sich kontinuierlich einer Inklusion aller Kinder annäherte, ohne diese allerdings zu erreichen. Während im Jahr 1965 nur für 28 Prozent der Kinder ab dem vollendeten dritten Lebensjahr bis zur Einschulung ein Kindergartenplatz zur Verfügung stand, so war im Jahre 2008 für 91 Prozent dieser Altersgruppe ein Platz verfügbar (RAUSCHENBACH 2009, S.142). Hierin zeigt sich vor allem der Druck der *sich verändernden Familiensysteme*, in denen eine aushäusige Kinderbetreuung immer weniger als Eingriff in elterliche Erziehungsmacht verstanden wurde[7]. Es bleibt aber auch festzuhalten, dass, andererseits, im Vergleich mit benachbarten EU-Staaten, die bildungspolitische Ausrichtung des Kindergartens auf das Bildungssystem sowie seine klar elementarpädagogische und schulvorbereitende Ausrichtungen unterblieb.

---

[7] Cum grano salis ist sich die Forschung heute darüber einig, dass der Bedeutungszuwachs öffentlicher Erziehung, Bildung und Betreuung und der tendenziell weitere Anstieg der lebensgeschichtlichen und alltäglichen Verweildauer in Kindertageseinrichtungen mit dem Wandel der Mutterrolle zusammenhängt. Seit den 1970er Jahren ist eine Individualisierung der weiblichen Biographie zu konstatieren, mithin entscheiden sich Mütter mehrheitlich für Familie und Beruf. Die sozialen Bedingungsfaktoren hierfür sind vielfältig und reichen von der Verlängerung der Empty-Nest-Phase bis zum gestiegenen Bedarf der Wirtschaft an (weiblichen) Arbeitskräften. (vgl. PEUCKERT 2002, S.234ff.). Diese Entwicklung führte zu einem Wandel der gesellschaftlichen Konstruktion von Mutterschaft. Von Müttern wird nach wie vor in der Tradition bürgerlich-aufklärerischer Erziehung „Zuwendung und Fürsorge für das leibliche und seelische Wohl des Kindes" erwartet. Allerdings wird dieses Konzept inzwischen ermäßigt; es verlangt nicht mehr den Preis der Selbstaufopferung und des Verzichts auf Selbstverwirklichung im Beruf (Schütze 2000, S.101). Zwar ist gleichzeitig die neuere Tendenz erkennbar, dass immer mehr Männer nicht nur ausschließlich berufsorientiert ausgerichtet sind, sondern dass diese sich aktiv an häuslichen Pflegearbeiten beteiligen oder auch ihre Erwerbstätigkeit unterbrechen (vgl. FTHENAKIS u.a. 1999). Dennoch ist Elternzeit bei zwei erwerbstätigen Eltern ein knappes Gut.

3. Zum antinomischen Verhältnis von Deregulierungs- und Regulierungstendenzen in der aktuellen Bildungsreformphase

Im letzten Kapitel wurden die Ziele, Umsetzungsversuche sowie das weitestgehende Scheitern der strukturellen Verkopplung von Kindergarten und Grundschule mit den Mitteln der Bildungsgesamtplanung deutlich. Im historischen Rückblick zeigt sich, dass diese Form von politischer Durchgriffsteuerung unsensibel gegenüber den unterschiedlichen historischen Dynamiken und Entwicklungsständen der Systementwicklung von Schulen und Kindertageseinrichtungen blieb. In der wissenschaftlichen Analyse neuerer Kopplungsbestrebungen ist es sinnvoll, diese historischen Differenzen aus *modernisierungstheoretischer Perspektive* klar zu erfassen.

Aus der historischen Schulforschung ist hinlänglich bekannt, dass die *hierarchische Kopplung* mit der Bildungspolitik und damit die *Universalisierung bildungspolitischer Steuerung* eine zentrale Voraussetzung für die dauerhafte organisatorische und funktionelle Etablierung und Standardisierung des Schulsystems sowie für dessen Anschlussfähigkeit an seine relevanten Umweltsysteme darstellte. Nur über politisch-rechtlich vermittelte Standardisierungs- und Normierungsprozesse in unterschiedlichen Teilbereichen wie Schuleinrichtung, Lerninhalte, Lehrmittelzulassung oder Lehrerausbildung sowie über die Verkopplung von Bildungsvoraussetzungen und gesellschaftlichen Teilhabeberechtigungen konnten sich Einzelschulen zu einem hochentwickelten und nach unterschiedlichen Schulformen differenzierten Schulsystem entwickeln.

Im vorschulischen Sektor hingegen unterblieben aufgrund traditionell zurückhaltender und unscharfer politischer Steuerung, die sich nicht festlegen konnte, ob sie den Kindergarten als subsidiäre Familienergänzungeinrichtung oder als konstitutive Bildungseinrichtung einstuft, entsprechende Standardisierungen und Normierungen auf der Struktur- und Prozessebene der einzelnen Einrichtungen weitestgehend. Während sich auf dem Hintergrund der Erfahrungen mit der gescheiterten Bildungsgesamtplanung im Schulsystem und in der Schulpolitik bereits ein Bewusstsein für die *Grenzen bildungspolitischer Steuerung* und mithin für die *relative Autonomie* von Schule ausbilden konnte, verblieben Kindertageseinrichtungen weiterhin in ihrem traditionell größtenteils unregulierten und qualitativ wenig standardisierten Status.

Die im Folgenden zu thematisierende aktuell fortdauernde *sechste Phase* im Prozess der *strukturellen Verkopplung* von Kindergarten und Grundschule ist durch klare Differenzen in der bildungspolitischen Steuerung beider Bereiche gekennzeichnet. Während in der Steuerung des Schulsystems bereits mit dem Diskurs über *die teilautonome Einzelschule* in den 1980er/1990er Jahren Deregulierungstendenzen aufkamen, wurden Kindertageseinrichtungen überhaupt erst seit den letzten gut zehn Jahren in eine stärkere bildungspolitische Kopplung und mithin Regulierung geführt, in der erstmals ein *struktureller Integrationsprozess* in ein sich ‚nach unten' ausdifferenzierendes Bildungssystem zu beobachten ist. Dieses historisch zeitversetzte Verhältnis von einerseits Deregulierungstendenzen im Schulbereich und andererseits Regulierungstendenzen im vorschulischen Bereich stellt beide Bereiche, sofern es um Möglichkeiten und Grenzen ihrer Zusammenarbeit geht, vor besondere Schwierigkeiten. Dieses Phänomen soll im Folgenden näher betrachtet werden. Dazu ist in einem ersten Schritt die Rekonstruktion der Grundlinien des aktuellen Schulentwicklungsdiskurses relevant.

3.1 Deregulierung in der politischen Steuerung von Schule und Unterricht. Die autonome Einzelschule als Zentrum der Qualitätsentwicklung

Im schulpolitischen und schultheoretischen Diskurs wurde seit Mitte der 1980er Jahre vermehrt auf die *Eigendynamik* von Schule hingewiesen. Mit Bezug auf Theorieperspektiven der Kybernetik, der Theorie autopoietischer Systeme, der Überlegungen zum Bildungssystem als losely coupled system oder des Governance-Ansatzes rückten die illusionären Hoffnungen, die mit der Bildungsgesamtplanung verbunden waren, stärker ins Bewusstsein (vgl. Kap. 1). Ungeachtet aller theoretischen Differenzen im Einzelnen können alle neueren steuerungstheoretischen Ansätze als Gegenentwürfe zu älteren Ansätzen der Bildungsgesamtplanung und der Durchgriffssteuerung verstanden werden. Oftmals werden diese neueren Steuerungsmodelle unter das begriffliche Dach der *Governance* sortiert. Der Begriff Governance wird dabei zumeist als Gegenbegriff zu Government „im Sinne einer hierarchisch-etatischen Gesellschaftssteuerung" verstanden (SCHIMANK 2009, S.235).

Analog tritt im systemtheoretischen Theoriekontext der Begriff der *dezentralen Kontextsteuerung* an die Stelle der Betrachtung von Interventions- bzw. Durchgriffsteuerungen (vgl. WILKE 1989). Die neuen Theorieansätze schärfen den Blick für „Logiken des Misslingens" und „transintentionale Effekte" politischer Steuerung (SCHIMANK 2009, S.234; vgl. Teil I dieser Arbeit).

Das Aufkommen solcher Debatten stand im Zusammenhang mit der Rezeption von Forschungsergebnissen empirisch-deskriptiver Sozialforschung. Jene führten die *Wirkgrenzen zentralistischer Eingriffsplanung* durch das politische System zunehmend vor Augen. Dieser Befund gilt auch und gerade für das Bildungssystem, hier insbesondere das Schulsystem. Die großen Strukturdebatten der 1970er Jahren hatten vorrangig auf weitere Input-Vereinheitlichungen und Strukturentwicklungsprozesse im Schulsystem gezielt.

Nun aber zeigte sich, dass sich ein Großteil der Varianz der empirisch feststellbaren Leistungsunterschiede nicht auf Schulformunterschiede, sondern auf die pädagogische Qualität der Einzelschulen zurückführen lässt. Dies zeigten eindrücklich erhebliche Überschneidungsbereiche in den Leistungen von Schülerinnen und Schülern unterschiedlicher Schulformen. Der politische Planungsblick auf die Entwicklung von Organisationsformen hatte offensichtlich an den Kernfragen von Bildungsentwicklung vorbei geschaut. Flankiert wurde dieser Befund durch Forschungsergebnisse zur Diversifikation von kindlichen Lebenslagen und Lebensmustern im Kontext sich wandelnder Sozialisationswelten, die bisherige Vorstellungen einer ‚Norm-Schülerschaft' in Frage stellten. Diese Befunde *ernüchterten* die Wirkhoffnungen, die in eine strukturelle Gesamtreform des Bildungssystems gesetzt wurden (vgl. ZEDLER 2007, S.63).

In der Folge solcher Reflexionen vollzog sich sukzessive ein Umbruch im schulpolitischen Steuerungsparadigma, der insgesamt auf eine *Lockerung der strukturellen Kopplung* zwischen Schulsystem und Politik zielte. In kritischer Abgrenzung zur ‚staatlich überregulierten Schule' und zur ‚zentralistischen Schulplanung' wendet sich der Blick von Schulpolitik und Pädagogik vom Schulsystem als Ganzen hin zur *inneren Schulentwicklung* von Schulen im Einzelnen (vgl. EBD.). Ziel des politischen Systems war es, den Einzelschulen einen Zuwachs an Autonomie, Verantwortung und Gestaltungsmöglichkeiten in den Bereichen Budget, Personalauswahl und pädagogische Konzeptentwicklung inkl. der Möglichkeit zu inhaltlicher Schwerpunktsetzung zuzubilligen bzw. zuzumuten. Dabei bewegt sich Einzelschulentwicklung seither im Kern in einer „Trias von Organisations-, Unterrichts- und Personalentwicklung" (ROLFF 2010).

Auf wissenschaftlicher Reflexionsebene verschob sich mithin der Akzent der *Schulentwicklungsforschung* von der „Forschung über Schulentwicklung als Systemreform" zur „Forschung über innere Schulentwicklung in pädagogischen Innovationen" (HOLTAPPELS 2010, S.27). Der Fokus auf das Organisationssystem Einzelschule erreichte mit der Empfehlungen der Denkschrift ‚Zukunft der Bildung – Zukunft der Schule' der Bildungskommission des Landes Nordrhein-Westphalen 1995 einen ersten Höhepunkt.

Die Bildungsexperten sprachen sich hier für einen Abbau hierarchischer Strukturen und einen Ausbau der *Selbstorganisation* von Schulen aus. Verbunden wurde damit die Hoffnung, dass einzelne Schulen als lokal relativ autonome Organisationssysteme eher als das Funktionssystem als ganzes in der Lage seien, operative Probleme direkt vor Ort und in Vernetzung mit ihrem jeweiligen Umfeld lösen zu können. Politik und Schulverwaltung sollten somit Rahmenbedingungen schaffen, welche die „Selbstregulierung, Selbstverpflichtung und Selbstbindung wirksam entfalten helfen" (vgl. BILDUNGSKOMMISSION NRW 1995, S.155). Insgesamt trug der Blick auf die Einzelschule der theoretisch und empirisch gewonnen Erkenntnis Rechnung, dass Qualität „auf der Ebene der konkreten Arbeit und der einzelnen Vollzüge" entsteht (TERHART 2000, S.810). Nach WOLFGANG BÖTTCHER und MATTHIAS RÜRUP

> „… findet sich ein Bekenntnis zur ‚Schulautonomie' inzwischen in den Schulgesetzen nahezu aller Länder. Die staatliche Gesamtverantwortung für die Organisation, Unterhaltung und Beaufsichtigung des Schulwesens bleibt als Rahmen der schulischen Eigenständigkeit erhalten, soll sich aber in ihren Instrumenten und Handlungsformen von einem detailliert, dirigistisch-bürokratischen Administrieren von Schule zu einem Beratungs- und Unterstützungssystem wandeln, das die einzelne Schule und ihre Schulentwicklung auf Abstand begleitet" (BÖTTCHER/RÜRUP 2010, S.58).

Zu Beginn des 21. Jahrhunderts erfuhr die Diskussion um Schulautonomie und mithin die *Lockerung der strukturellen Verkoppelung* von schulischem und politischem System noch einmal eine weitere und noch schärfere Zuspitzung. Die erste *PISA-Studie* im Jahre 2000 machte die im internationalen Vergleich unbefriedigenden Leistungsniveaus deutscher Schülerinnen und Schüler sowie die starken Leistungsunterschiede innerhalb von und zwischen Einzelschulen sichtbar. Die erbrachten Leistungen erwiesen sich als eng mit der sozialen Herkunft der Lernenden verknüpft. In Deutschland lag der Anteil der 15-Jährigen, die im Bereich ‚Reading comprehension' höchstens die niedrigste Kompetenzstufe erreichten, mit einem knappen Viertel überaus hoch. Diese Jugendlichen gelten im Hinblick auf berufliches Weiterlernen als potenzielle Risikogruppe (vgl. DEUTSCHES PISA-KONSORTIUM 2001, S.103).

Als Reaktion auf die im System der Massenmedien als ‚PISA-Schock' inszenierten Ergebnisse der internationalen Schulleistungsforschung wurden die bestehenden traditionellen Steuerungsstrukturen im Schulsystem über alle Bundesländer hinweg umgebaut. Protagonisten der aktuellen Bildungsreform fassen die Entwicklung hin zu einem neuen bildungspolitischen Deutungs- und Handlungsrahmen mit den Begriffen *Outputorientierung, Qualitätssicherung und evidenzbasierte Steuerung* zusammen (vgl. KLIEME 2009, OELKERS/REUSSER 2008). Der Zentralbegriff *Outputsteuerung* bezeichnet eine neue Form politischer Einflussnahme im Rahmen *dezentraler Kontextsteuerung*, mit der Bildungspolitik auf das im Bildungssystem eigendynamisch entstandene Qualitätsproblem reagiert.

Demnach wurde das Schulsystem bis zum Ende des 20. Jahrhunderts *inputorientiert* gesteuert. Steuerungsinstrumente waren rechtliche Vorschriften, inhaltliche Programmvorgaben und Lehrpläne, die detaillierte Inhalte für Jahrgangsstufen und Schulformen vorgeben. Diese Vorgaben sind als Ausdrucksformen leitender Steuerungsprinzipien der Verrechtlichung, Institutionalisierung, Routinisierung, Standardisierung, Normalisierung und Homogenisierung zu verstehen. Speziell in der Anfangsphase des Systembildungsprozesses im 19. Jahrhundert spielte diese Universalisierung staatlicher Steuerung eine wichtige Rolle. Systemlogisch war ihr Impuls die Voraussetzung dafür, dass sich die Vielzahl heterogener und amorpher Einzelschulen tatsächlich zu einem gegliederten Funktionssystem verbinden konnte.

Im Unterschied zur interventionistisch konzeptionierten Inputsteuerung berücksichtigt Outputsteuerung stärker die *prozessuale Eigenlogik* sowie die jeweilige örtliche Spezifität von Einzelschulen.

Dieses gilt, weil Entscheidungen, welche deren Struktur- und Prozessebene betreffen, im Grundsatz von der politischen Ebene auf die Ebene der Organisationssysteme und Akteure vor Ort verlagert, also *dezentralisiert* werden. Flächendeckend vorgegeben, also *rezentralisiert*, werden hingegen Outputerwartungen in Form von Bildungsstandards. Diese benennen fachbezogene und in Kompetenzmodellen abgelagerte Kompetenzen, die Schülerinnen und Schüler bis zum Ende bestimmter Jahrgangsstufen erwerben sollen. Für die Überprüfung der erreichten Kompetenzen soll ein „breites System der Qualitätssicherung" etabliert werden (KÖLLER 2008, S. 48). Hierzu steht inzwischen ein Netz unterschiedlicher internationaler und nationaler Schulleistungsstudien sowie Vergleichsarbeiten zur Verfügung.

Steuerungstheoretisch und steuerungspraktisch ist mit der Einführung verpflichtender Kompetenzmessungen die Anforderung an Schulen verbunden, sich auf der Basis von konsequenzhaltigen Analysen von Ergebnissen interner und externer Evaluationen als *lernende Organisationen* weiterzuentwickeln. In die gleiche Richtung zielen die *Schulinspektionen*, die zwar nicht gemäß KMK-Beschluss vom 20. Juni 2006 zu einer Gesamtstrategie des Bildungsmonitorings zählen, dennoch aber mittlerweile in allen Bundesländern durchgeführt werden. Sie dienen der Zusammenschau von Daten zu „Kontext-, Ausstattungs-, Prozess- und Ergebnismerkmalen der einzelnen Bildungsorganisation", die durch interne und/oder externe Evaluationen gewonnen wurden. Sie münden wiederum in „Zielvereinbaren zwischen Schulen und Schulaufsicht …, in denen konkrete Schwerpunkte der weiteren einzelschulischen Schulentwicklung festgehalten werden" (BÖTTCHER/RÜRUP 2010, S.60).

Hier geht es nicht mehr nur um das Lernen der Schülerinnen und Schüler. Vielmehr geht es nun um das Lernen des Organisationssystems Schule selber. Das *Lernen* der Organisation wird in diesen Kontexten der Schulentwicklung zumeist systemtheoretisch operationalisiert als Fähigkeit einer Organisation, über Restrukturierungsmaßnahmen intelligente Organisationsstrukturen zur optimalen Erreichung des Organisationszwecks zu entwickeln, die in einem Äquilibrationsverhältnis zwischen systemischer Eigendynamik und äußeren Anforderungen stehen (vgl. DRIESCHNER 2011a).

Evaluationen in Form von Kompetenzmessungen sind ein wichtiger Anhaltspunkt für die Einschätzung der erreichten Wirkungen von Schule und Unterricht. In den Lehrerkollegien sollen sie zudem zur

Reflexion anregen, in welchen Bereichen der Input und die Prozesse des Unterrichts oder des Schullebens verbessert werden können. Outputsteuerung betrachtet somit das Verhältnis von Input und Prozessen der Organisation Schule aus der Perspektive auf die von jener produzierten Ergebnisse. Sie beschränkt sich damit entgegen einem verbreiteten verkürzten Verständnis nicht auf Leistungsmessungen; zentral ist vielmehr die „Steuerung der Inputs und der Prozesse über die konsequenzhaltige Analyse von vorab definierten erwünschten Organisationsergebnissen" (BÖTTCHER 2006, S.676). Deutlich wird hier, dass ganz im Sinne der Orientierung an schulischer *Selbstorganisation* die Entscheidungskompetenz der Einzelschulen auf Prozess- und Strukturebene vergrößert wird.

Damit ist das politische Ziel verbunden, die *pädagogische Autonomie* der Einzelschule in der Schul- und Unterrichtsentwicklung zu stärken. Während die traditionelle bildungspolitische Inputsteuerung insbesondere auf eine immer feinere Justierung von Strukturqualität des und Prozessqualität im Schulsystem zielte, gibt der Staat, organisationstheoretisch formuliert, mit Bildungsstandards nur mehr *Führungsgrößen zur Ergebnisqualität* von Schule vor. Diese werden als verbindlich erwartete Lernergebnisse formuliert, deren Erreichen durch die zielorientierte, methodisch strukturierte und professionellpädagogisch durchgeführte Gestaltung von Bildungsangeboten ermöglicht und sichergestellt werden soll.

Bildungsstandards treffen keine didaktisch-methodischen Aussagen im engeren Sinne. Überlegungen und Entscheidungen über die Gestaltung der schulinternen Curricula bzw. Stoffverteilungspläne, die Auswahl der Inhalte, Unterrichtskonzepte, Methoden und Arbeitsschwerpunkte treffen die Kollegien, Fachkonferenzen und Lehrkräfte eigenverantwortlich vor dem Hintergrund des verbindlich festgelegten Outputs. Durch diesen erweiterten Freiraum sollen die Einzelschulen den staatlich erteilten Bildungsauftrag möglichst optimal an die jeweiligen dezentralen schulischen und klassenspezifischen Voraussetzungen und die *Kontextbedingungen* vor Ort anpassen (vgl. VON SALDERN/PAULSEN 2004, S.96). Mittlerweile stehen Beispielaufgaben, kompetenzorientierte Unterrichtskonzepte und erste Ansätze einer kompetenzorientierten Didaktik zur Verfügung, die Lehrkräfte dabei unterstützen sollen, die anvisierten Kompetenzen in anspruchsvolle Lernumgebungen zu übersetzen (vgl. z.B. ZIENER 2008, DRIESCHNER

2009, BREMERICH-VOS/GRANZER/BEHRENS/KÖLLER 2009, LERSCH 2010, LANGE/DRIESCHNER/WACKER 2013).

Insgesamt wird den Schulen nicht nur eine erweiterte Entscheidungsbefugnis, sondern auch ein größeres Maß an Verantwortung für den Lernerfolg übertragen. Diese *Dezentralisierung* staatlicher Verantwortung, also die Rückverlagerung von Entscheidungskompetenzen an die Einzelschulen in ihren je spezifischen Umweltkontesten und konstellationen, sowie die *Rezentralisierung* nationaler Leistungserwartungen durch Bildungsstandards greifen ineinander. In der vermittelnden Größe gemeinsamer Output- bzw. Outcome-Orientierung entsteht für alle beteiligten Systeme eine grundsätzliche Pflicht zur Rechenschaftslegung über den pädagogischen Erfolg einer Schule.

Dezentralisierung, Rezentralisierung und Outputorientierung gelten als komplementäre *bildungsökonomische Prinzipien*, insofern mit ihnen eine Erhöhung der *Effizienz* von Bildungsorganisationen intendiert ist. Obgleich Effizienz hier nicht selten fälschlicherweise als ausschließlich ökonomische und nicht-pädagogische Leitorientierung betrachtet wird, ist dennoch mit Einschränkung zutreffend, dass mit der generalisierten Outputorientierung ökonomische Strukturen in das Schulsystem eingezogen werden.

Im Gefolge neoliberaler Tendenzen, die das Wirtschaftssystem der 1980er und 1990er Jahre kennzeichneten, wurden Schule und Ökonomie stärker miteinander *strukturell verkoppelt* als bisher. Im traditionell liberalen Verständnis des Bildungssystems nach den preußischen und bayerischen Reformern des frühen 19. Jahrhunderts wie in der aufweisbaren Realgeschichte des Schulsystems war die relative Autonomie von dessen – mit SCHLEIERMACHER – ‚Sphäre' konstitutiv gewesen. Wie HELMUT FEND erläutert, wird in der Gegenwart mit Outputsteuerung in Analogie zu wirtschaftlichen Unternehmen von einem Verständnis von Schule als „‚Betrieb' der ‚Produktion von Schulleistungen'" ausgegangen (FEND 2008, S.108).

Aus dieser Tendenz ergibt sich eine weitere relative *Verengung* des Blicks auf die Systemleistung von Schule. Gehörte es zum kommunikativen Common Sense früherer Zeiten, dass Schule für Erziehung, Unterrichtung und Bildung zuständig sei, dass sie Aufgaben der Enkulturation und der Sozialisation erfülle, dass der in ihr beschäftigte Lehrerschaft auch Aufgaben der biographischen Begleitung und Beratung zukämen, so *verengt* sich die Wahrnehmung in der Gegenwart. Nunmehr wird Schule auf die Systemleistung Lernen verkürzt, Lernen wiederum wird verkürzt aufgefasst als Problemlösefähigkeit. Lehrerinnen und Lehrer werden demgemäß zu Lernhelfern und Lernschwierigkeits- bzw. -ergebnisdiagnostikern degradiert. Diese Entwicklung schlägt sich nicht zuletzt in den reformierten kompetenzorientierten Studiengängen zur Lehrerbildung nieder, über die ein paradoxes Urteil zu fällen ist. Während sie versprechen, der Professionalität von Lernhelferinnen und Lernhelfern aufzuhelfen, zeigen sie sich als Menetekel der Gefahr einer Deprofessionalisierung von Bildungsexpertinnen und -experten.

Generell kann festgehalten werden, dass die Zentralisierung, Standardisierung und Evaluation von eng umrissenen Zielkriterien auf der einen Seite und die Dezentralisierung staatlicher Verantwortung auf der anderen Seite eng miteinander verzahnte Grundsätze eines neuen ökonomischen Denkens im öffentlichen Sektor sind. Dieses firmiert seit den 1980er Jahren international unter dem Leitbegriff *New Public Management* und wird in der deutschen Bildungspolitik und Schuladministration nach PISA verstärkt rezipiert.

Konzepte des New Public Managements beziehen sich nicht nur auf den schulischen Bereich. Vielmehr haben sie sich inzwischen in allen Bereichen früher traditionell über Betriebsablaufstrukturen und Kameralistik organisierter öffentlicher Verwaltungsführung durchgesetzt. Die Karriere dieser neuen Konzepte ist übergreifend als Reaktion auf die Finanzierungsprobleme des Sozialstaates seit den1990er Jahren zu verstehen. Sie versprechen über ihre neue Art der Steuerungslogik eine gegenüber der traditionellen Art der Administration über Verwaltunglogiken *sowohl effizientere als auch effektivere Steuerung* staatlicher Organisationen durch die Übernahme betriebswirtschaftlicher Managementkonzepte (vgl. PROELLER/SCHEDLER 2006).

Es gibt eine Vielzahl von konzeptionellen Ausprägungen in der Betriebswirtschaftslehre öffentlicher Betriebe und Verwaltungen. Diese werden in einzelnen Staaten, einzelnen Ländern, einzelnen Kommunen jeweils in vielfältigster Weise umzusetzen versucht. Ungeachtet aller unterschiedlichen konzeptionellen Ausprägungen in einzelnen steht New Public Management *grundsätzlich* für ein *output- bzw. outcomeorientiertes Verständni*s von staatlich verantworteten bzw. staatlich adressierten Organisationssystemen.

Kernelemente sind die Einführung von Ziel- und Leistungsvereinbarungen in den verschiedenen Verwaltungsbereichen sowie über alle Verwaltungsebene. Darauf bezogen erfolgt, entgegengesetzt zur klassischen kameralistischen Feinsteuerung, eine globale Budgetierung und die Einräumung eines großen Freiraums für die einzelnen Organisationsgliederungen. Diese Freisetzung von Budgets, diese Simulation von Quasi-Marktgeschehen soll die einzelnen Organisationseinheiten dahingehend anregen, Ziele in eigener Verantwortung erreichen zu wollen und zu können. Die politische und administrative Verantwortung beschränkt sich auf die Kontrolle der Zielerreichung, die Ergebnisse dieser Überprüfung bilden dann für die jeweilige Organisation eine wichtige Grundlage, um gezielt Maßnahmen zur Optimierung der Geschäftsprozesse zu treffen.

Wird vor dem Hintergrund dieses grundlegenden Konzeptes auf das Bildungssystem und dort insbesondere auf das Schulsystem geschaut, so lassen sich die allgemeinen Ausführungen konkretisieren. Der eröffnete Freiraum, zielführende Bildungsangebote zu offerieren und über ihre Effektivität Rechenschaft abzulegen, gibt den einzelnen Schulen bereits die Möglichkeit zur zielgruppenspezifisch didaktischen und organisatorischen *Profilierung*. Die Verbindung von Schulautonomie und Evaluation beschreibt FEND daher als Übergang von einem „staatlichen Bildungswesen" zu einer modernen „Dienstleistungsorganisation". Dementsprechend betont er: „Von diesem Steuerungsmodell zu einem Marktsystem ist es nur noch ein kleiner Schritt" (FEND 2008, S.109).

Die mögliche Entwicklung in Richtung Marktsteuerung findet augenfälligen Ausdruck in Debatten über Schulen als ‚Bildungs- und Erziehungsdienstleister' und Kinder und Eltern als ‚Kunden'. Befördert wird dadurch auf Seiten der ‚Kunden' eine erhöhte Anspruchshaltung in Bezug auf die Qualität der Angebote. Ansprüche werden u.a. an die Erweiterung der Erziehungsfunktion der Schule gestellt, an die didaktische Perfektionierung effektiven Unterrichts sowie – als unerwünschte Nebenfolge – auch an die Vergabe guter Noten und hoher Bildungspatente.

Damit ist ein *grundlegendes Problem des Markt- bzw. des Wettbewerbsversagens* angesprochen, dass in der BWL öffentlicher Betriebe und Verwaltungen immer schon diskutiert wurde, in der öffentlichen Wahrnehmung der 1980er und 1990er Jahre unter dem Eindruck globalisierter Ökonomisierungsparadigmata jedoch aus dem Blick geraten ist. Das Problem liegt darin, dass Eltern bzw. Kinder zwar Leistungsabnehmer des Bildungssystems sind, nach ökonomischer Logik aber nicht dessen Kunden. Kunde eines ökonomisch mehr und mehr freigesetzten Bildungssystems bleibt der Staat, insofern er die Bildungsdienstleistung bezahlt. Dieses bildungs- und sozialrechtliche Dreieckverhältnis lässt Grundwidersprüche zurück. Auf der einen Seite rezentralisiert und standardisiert das politische System weiter seine Qualitätsdefinitionen. Eine gute Schule ist, welche bestimmte Kompetenzstandards erreicht. Andererseits fragen Eltern und Kinder de-zentralisiert nach Qualitäten. Für sie ist interessant, ob an einer Schule Drogen gedealt werden, ob es Verknüpfungen mit den und unter den Elternhäusern gibt, ob die Musik- und Sportangebote in den Vertiefungs- und Freizeitkursen kostenlos sind usw. Insgesamt tut sich hier also ein Widerspruch auf, welcher von der mehr und mehr eigenverantwortlichen Schule ausbalanciert werden muss, ohne, dass er systematisch ausbalanciert werden kann.

Von einer wirklichen Ökonomisierung von Schule durch die Einrichtung von Quasi-Märkten, welche die Eingenlogik des Lehrens und Lernens bedrohen, kann somit keine Rede sein. Aus wirtschaftswissenschaftlicher Perspektive ist dieser Befund zwangsläufig. Mit Schulautonomie und Evaluation sind zwar Grundlagen für eine stärkere Wettbewerbsorientierung als bisher geschaffen. Deren konsequente Umsetzung wäre aber erst durch ein öffentliches Ranking von Schulen, Konsequenzen (Belohnung/Bestrafung) in Abhängigkeit von Evaluationsergebnissen, die leistungsbezogene Budgetierung von Einzelschulen, ein Wachstum privater Schulen, die flächendeckende Einführung der freien, nachfrageorientierten Schulwahl durch die Schüler und Eltern, die Einführung von Bildungsgutscheinen und die Auflösung der Schulbezirke realisiert.

Eine tatsächliche Marktsituation würde den weiteren Rückzug des politischen Systems und die weitere Aufwertung der Familiensysteme als tatsächlichen Kunden des Bildungssystems zur Voraussetzung haben. Entsprechend ist im internationalen Vergleich die strukturelle Verkopplung von Schule und Ökonomie in Kontext von Output- und Wettbewerbsorientierung etwa in traditionell sehr staatsfern ausgerichteten Systemen wie in Großbritannien, den Niederlanden und den Vereinigten Staaten weitaus stärker ausgeprägt als in der Bundesrepublik (vgl. z.B. LIND 2009; DEDERING 2012). Aufgrund der langfristig angelegten Sturktur- und Prozesslogiken eines eher *staatsnah* strukturierten Schulsystems ist in der deutschen Tradition nicht mit einer solch' dynamischen Entwicklung zu rechnen.

Insgesamt aber ist aus erziehungswissenschaftlicher Sicht ein Befund zu notieren, der auf eine Zuspitzung des Faktums *relativer Autonomie* hinausgeht. Einerseits wird Verantwortung, die bisher als staatliche aufgefasst wurde, dezentralisiert und nach 200 Jahren Bildungsgeschichte vom politischen System in das Schulsystem hinein zurücktransferiert. Andererseits werden Zielstellungen der Leistungserbringung, der Bildungsziele aus dem pädagogischen Bereich herausgenommen und vom politischen System rezentralisiert. So betrachtet, enthüllt sich für das Bildungssystem eine relevante Verschiebung. In Zeiten der Inputsteuerung zielte das Verhältnis von Bildungspolitik und Schulsystem insbesondere auf die Struktur- und Prozessqualität von Schule und Unterricht. Seit der Veränderung der Steuerungsstrukturen geht es hingegen insbesondere um die Vorgabe politisch operationalisierter Ergebnisqualität. Diese Ergebnisqualität aber wird nicht nach Kriterien des Bildungssystems, sondern nach Vorgaben des politischen Systems definiert. Damit ist die Frage nach der relativen Autonomie von institutionalisierter Schulpädagogik aber auf einer neuen Ebene angelangt.

Einerseits entspricht ein Steuerungsansatz, der sich auf die Vorgabe von Führungsgrößen zur Ergebnisqualität beschränkt, in idealtypischer Weise dem Grundgedanken der *dezentralen Kontextsteuerung*. Dieses gilt insofern, als er schafft mit Bildungsstandards und Evaluationen Rahmenvorgaben schafft, die ihrerseits wiederum Schulen zu Selbstveränderungen anregen können. Es kann daher vermutet werden, dass der Übergang von politischer Durchgriffssteuerung hin zu vermehrter *dezentraler Kontextsteuerung* auf die Erkenntnis innerhalb des politischen Systems zurückgeht, dass es bezüglich komplexer Sozialsysteme in funktional differenzierten Gesellschaften faktisch nur indirekten Steuerungsmöglichkeiten gibt. Umgekehrt gilt für die schulischen Organisationssysteme, dass der durch den teilweisen Rückzug aus der Input-Steuerung eröffnete Freiraum, zielführende Bildungsangebote zu offerieren und über deren Effektivität Rechenschaft abzulegen, als Chance verstanden zur pädagogischen und organisatorischen *Profilierung* verstanden wird.

Andererseits wird die Diskussion der bildungstheoretischen Kernfrage nach der quaestio juris, also nach dem, was denn eigentlich ‚Ziel' von Bildung sein könne, aus dem Scbulsystem, wo sie in der Moderne beheimatet war, abgezogen und vom politischen System wieder kolonialisiert. Die Funktionszuschreibung des politischen Systems an das Schulsystem verkürzt sich vom komplexen Feld der Unterrichtung, Bildung und Erziehung weg hin zu einer Vorstellung von Kompetenztraining. Das Schulsystem wird unter Geltung des Schlagworts *Empolyability* mehr und mehr in seiner Zulieferfunktion für das Wirtschaftssystem verstanden. Dementsprechend betrachtet Bildungspolitik derzeit auch das neue disziplinäre System ‚Bildungswissenschaften' nur mehr als Lieferant empirischer Leistungsdaten, welche zur politischen Entscheidungsfindung über Bildungsziele taugen.

Zudem empfinden viele Lehrerinnen und Lehrer die den Schulen zugewiesene pädagogische Autonomie auf organisatorischer Ebene als *Scheinautonomie*. Dieser Eindruck verfestigt sich, weil an die Stelle zurücktretender Verfahrens- und Verwaltungsvorschriften neue Abhängigkeiten treten. Von jetzt an müssen Schulkollegien bestimmte extern vorgegebene Kompetenzstandards erreichen und das vor Ort realisierte mit dem zentral intendierten Curriculum abgleichen. Die Gewährung eines größeren Spielraums von Autonomie für das Organisationssystem Schule geht also auf der inhaltlichen Ebene der Interaktionssysteme von Unterricht mit neuen Verbindlichkeiten und einer leistungsorientierten Rechenschaftspflicht hinsichtlich der Ergebnisqualität einzelner Schulen einher.

Die pädagogische Autonomie droht, so die kulturkritische Befürchtung, in eine quasi *betriebswirtschaftliche Autonomie* der Einzelschulen zu kippen, wenn nach globalisiertem wirtschaftsliberalem Vorbild Wettbewerbsstrukturen in das Schulsystem gezogen werden. In einem solchen Fall könnte man klar von einer Okkupation des Bildungssystems durch das Wirtschaftssystem sprechen, da hier notwendige Differenzierungen zwischen den Eigenlogiken von Profit- und Nonprofitorganisationen verwischt werden.

Kommt es tatsächlich so weit, so würde die Lockerung der strukturellen Kopplung des Schulsystems mit der Politik mit wachsender Übergriffigkeit des Wirtschaftssystems auf das Schulsystem einhergehen. Zwar legitimieren die Befürworter von Wettbewerbsorientierung die Einführung von Scheinmärkten im Bildungsbereich mit pädagogischen Argumenten; so betonen sie den daraus resultierenden Anreiz zur Entwicklung von Schulqualität oder zur stärkeren Orientierung an den Interessen und Bedürfnissen der Nachfrager von Bildungsangeboten (vgl. z.B. KLEIN 2008, S.8). Stichhaltige empirische Hinweise auf eine faktische Verbesserung der Schülerleistungen in einem auf unternehmerischen Wettbewerb abgestellten Bildungssystem lassen sich aber – so das Ergebnis einer von HEINKE RÖBKEN durchgeführten Durchsicht einschlägiger internationaler Studien – tatsächlich nicht finden (vgl. RÖBKEN 2008).

Die *strukturelle Verkopplung von Bildung und Ökonomie* führt jedoch, wie insbesondere US-amerikanische Erfahrungen zeigen, zu vielfältigen Friktionen im Bildungssystem. Zu den sicherlich größten Systemirritationen zählt die Gefahr des Auseinanderklaffens der Bildungsqualität. Zwischen Schulen kann nicht nur ein Wettbewerb um das beste Bildungsangebot entstehen, sondern auch um die leistungsstärksten Schülerinnen und Schüler aus den bildungsstärksten Elternhäusern, welche die besten Evaluationsergebnisse erbringen. So können Schulen erster und zweiter Klasse mit ungleichmäßiger Schülerverteilung und staatlicher Finanzierung entstehen. Outputorientierung ist aus pädagogischer Perspektive daher nur dann legitim, wenn sie nicht mit Wettbewerbstrukturen zwischen den Schulen verknüpft wird, sondern im Dienste aller Schülerinnen und Schüler mit der gezielten Unterstützung von Einzelschulen verbunden wird, sodass eine soziale Spaltung von Schulen ausgeschlossen werden kann.

3.2 Staatliche Regulierung als Voraussetzung der strukturellen Integration der öffentlichen Kindertagesbetreuung in das Bildungssystem

In Bezug auf das Schulsystem können also Tendenzen der Öffnung von staatlichen Regulierungstendenzen festgehalten werden. Im vorschulischen Bereich zeigt sich demgegenüber die genau gegenläufige Tendenz einer Forcierung der staatlichen Regulierung. Im Hintergrund stehen neuerliche Phänomene der *Intensivierung von strukturellen Kopplungen* des Schulsystems mit Bereichen der außerschulischen Bildung, die Jahrzehnte nach den gescheiterten Versuchen einer direkten Interventionssteuerung in Zeiten der Bildungsgesamtplanung aufkamen. Versuche *vertikal gleichordnender kooperativer Kopplungen*, welche gewissermaßen die im Bildungsgesamtplan schon skizzierte Problemlösung einer Systemintegration auf höherer Ebene nachvollziehen, sind seit den 1990er Jahren verstärkt zu beobachten. Sie entstanden sukzessive vor allem mit der ‚Erwachsenenbildung' als nunmehr auch zertifizierender ‚Fort- und Weiterbildung' sowie, in Zusammenhängen wie der eigenverantwortlichen Schule oder der Entwicklung hin zur Ganztagsschule, mit der ‚offenen Jugendarbeit', der ‚Sozialen Arbeit' und der ‚kulturellen Bildungsarbeit' als potenziellen ‚Bildungspartnern' der Schule. Seit gut 10 Jahren sind im Kontext dieser Entwicklungen auch verstärkte kooperative Kopplungstendenzen zwischen dem Schulsystem und dem System frühkindlicher Bildung zu konstatieren.

Zunächst ist auf der Diskursebene eine generelle Tendenz zu konstatieren, verstärkt *kooperative Kopplungen* einzufordern. Vermehrt seit der Mitte der 1990er Jahre setzten sich zunächst bildungspolitische Slogans ‚nonformale, informelle und akzidenzielle Lern- und Bildungsprozesse', über ‚die Entgrenzung des Pädagogischen', ‚die andere Seite der Bildung', ‚lebenslanges Lernen' oder die ‚Entgrenzung des Pädagogischen' bei gleichzeitiger ‚Pädagogisierung aller Lebensbereiche und Lebensalter' durch. Diese Semantiken irritierten bald auch die bildungswissenschaftlichen Debatten. Ihre Aufnahme durch das professionsbezogene Reflexionssystem indiziert eine Entwicklung hin zu zunehmender gesamtgesellschaftlicher Anerkennung der Bildungsfunktionen dieser außerschulischen Bereiche im Verhältnis zur schulischen Bildung (vgl. z.B. OTTO/RAUSCHENBACH 2008).

Zudem wurde die Entwicklung unterschiedlicher Formen von *kooperativen Kopplungen* des Bildungssystems auch steuerungstheoretisch vor allem mit Bezug auf den *Governance-Ansatz* und die *Theorie autopoietischer Systeme* thematisiert. Beide Theorieansätze rücken steuerungstheoretisch und -praktisch den problembewussten und nebenwirkungssensiblen Umgang mit Interdependenzen bzw. *strukturellen Kopplungen* zwischen gesellschaftlichen Teilbereichen und heterogenen Akteuren ins Zentrum. So kann z.B. theoretisch begreiflich gemacht werden, dass in der Schulpolitik,

> „die traditionell zweifellos eine stark etatische Veranstaltung – inklusive einer hoheitlichen Hinzuziehung der Lehrerverbände – war, immer mehr und immer heterogenere Akteure einflussreich mit(mischen): Eltern und deren Verbände, Arbeitgeberverbände und Gewerkschaften, die Bertelsmann-Stiftung und weitere Agenten des NPM bis hin zu Unternehmensberatungen, die OECD als Veranstalter von PISA etc." (SCHIMANK 2009, S.235).

Auf der Deutungsebene zeigen die entsprechenden Debatten bemerkenswerte *Vermengungen* zwischen erziehungswissenschaftlichen bzw. bildungstheoretischen *Fachperspektiven* und bildungspolitischer *Regulationsperspektive* (vgl. GAUS 2014). Jedes fachliche Argument war von Anfang an zugleich auch bildungspolitische Bezugsgröße für mögliche Entscheidungen und umgekehrt.

Insofern verweisen die Semantiken darauf, dass sich hier nicht alleine vertikal gleichordnende *kooperative Kopplungen* zwischen Organisationssystemen aus sich selbst heraus entwickeln, sondern dass zugleich auch Aspekte *hierarchischer Steuerung* auf das Funktionssystem Bildung zu beachten sind. Mit der proaktiven Aufnahme dieser Tendenz durch das politische System – auf der makropolitischen Ebene insbesondere seit dem Lissabon-Prozess und seinem Impuls für die Durchsetzung der Slogans über das ‚Lebenslange Lernen' als Erfordernis des ‚Globalziels' ‚Employability' – war zwischen 1998 und 2000 eine neue Entwicklungsphase erreicht. Die EU-weite politische Forderung nach der Bedeutungssteigerung akzidentiellen, anlassbezogenen und netzwerkgebundenen Lernens nicht mehr nur in formalisierten, sondern auch und gerade in nonformalen und informellen Bildungsprozessen zielt im langfristigen Prozess darauf ab, die bisher am Rande des Bildungssystems stehenden Bereiche gezielt in dieses *strukturell zu integrieren* und mithin *kooperative Kopplungen* zwischen den verschiedensten Bildungsorganisationen anzuregen.

Diese bis heute anhaltende Phase der Systementwicklung erfordert neuartige Ausbalancierungen in der Abstimmung und Gestaltung von Übergängen zwischen dem schon in Strukturen und Prozessen verfestigten Schulsystem sowie neuen bzw. verstärkt mit diesem zu verzahnenden Teilbereichen des Bildungssystems. Wenn schulische, berufliche und weiterbildende Bildungswege zukünftig gleichrangig zertifizierende Abschlüsse bieten sollen, wenn in der offenen Ganztagsschule Schule und Jugendhilfe gemeinsam einem Bildungskonzept folgen sollen, wenn Jugendkulturarbeit mit schulischem Unterricht verzahnt werden soll, dann geht es immer darum, die nunmehr vor dem Bildungssystem stehende Herausforderung einer neuen Komplexität von *strukturellen Kopplungen* organisatorisch zu gestalten und pädagogisch zu legitimieren.

Diese grundsätzlichen Veränderungen sind auch in Bezug auf den Bereich frühkindlicher Betreuung, Bildung und Erziehung zu bestätigen. Im Jahre 1990 wurde neuerlich die Ressorierung der Kindergärten im Kinder- und Jugendhilfegesetz (KJHG) bzw. Sozialgesetzbuch VIII (SGB VIII) festgeschrieben. Zugleich aber wurde der Nothilfevorbehalt, welcher diese Einrichtungen juristisch jahrzehntelang als Einrichtungen der Sozialarbeit definiert hatte, ad acta gelegt. Damit kam es zu einer Umkehr in der Kodifizierung des Rechtssystems in Hinwendung zum Bildungssystem. Diese ging freilich wiederum nicht so weit, als dass diese Einrichtungen tatsächlich – wie schon im Bildungsgesamtplan gefordert – zur Elementarstufe des Bildungssystems erklärt wurden. Vielmehr wurde der Anspruch auf einen halbtägigen *Betreuungsplatz* im Kindergarten erst im Jahre 1992 rechtsverbindlich vermittelt über das Schwangeren- und Familienhilfegesetz und nicht etwa über Bildungsgesetzgebung zugesichert. Erst im Jahre 1996 wurde schließlich der Bildungsauftrag von Kindertagesstätten im SGB VIII, §22, Abs.3 als Teil der Aufgabentrias ‚Bildung, Betreuung und Erziehung' verankert. Selbst zu diesem Zeitpunkt aber wurde er wiederum nicht inhaltlich präzise bestimmt.

Der vor allem durch die Festlegung eines Rechtsanspruchs begründete quantitative Ausbau des Systems hatte in der Realität der Einrichtungen seinen Preis auf der Ebene der *pädagogischen Qualität*: Um der Rechtsvorgabe genügen zu können, wurden i.d.R. die Gruppen vergrößert, geringer als bisher qualifiziertes Personal eingestellt und insgesamt die Qualitätsstandards abgesenkt (vgl. TIETZE 2006, S.79). Diese unbefriedigende Situation in vielen Kindertagesstätten bildete einen zentralen Ausgangspunkt für die in den 1990er Jahren einsetzende Diskussion um den Ausbau von Kindertagesstätten sowie die Verbesserung ihrer pädagogischen Qualität.

In diesem Zusammenhang kam es im Wissenschaftssystem zur neuerlichen Aufnahme der Debatten um die Möglichkeiten und Chancen früher Förderung. Erkannt wurde insbesondere die *Bedeutung frühkindlicher kompensatorischer Bildung*. Seit der Mitte der 1990er Jahre und verstärkt in der breiten Debatte über die Leistungsfähigkeit des Bildungssystems nach PISA verdichtete sich dieser Legitimationsdiskurs über frühkindliche außerfamiliale Bildung. Er verlor seine relative Randständigkeit und rückte sogar mehr und mehr in das Zentrum bildungspolitischer Regulationsperspektiven.

Am Anfang dieses bildungswissenschaftlich-bildungspolitischen Kommunikationszusammenhanges standen empirisch-deskriptive Forschungen über die Güte deutscher Kindergärten. In diesen Studien konnten signifikante Effekte der pädagogischen Einrichtungsqualität auf die kognitiv-leistungsbezogene wie auch sozial-emotionale Entwicklung von Kindern nachgewiesen werden (TIETZE u.a. 1998, TIETZE/ROßBACH/GRENNER 2005). Zwar festigten auch diese Studien die Erkenntnis des besonders starken Einflusses familialer Bildungsqualität. Dennoch waren diese Studien von ihrer politischen Funktionalität her geeignet, bildungspolitische Debatten über die Zukunft des Kindergartens anzuregen. Ihre Ergebnisse sind nämlich geeignet, einen kompensatorisch verstandenen eigenständigen *Bildungsauftrag* von Kindergärten gegenüber der Familie zu *untermauern*. Dieses gilt allzumal, so die politisch nicht unwesentliche Pointe, weil

> „die Qualität öffentlicher Sozialisationssettings im Vergleich zu den eher privaten der Familie der [bildungspolitischen und bildungswissenschaftlichen] Steuerung und Qualitätsverbesserung direkter zugänglich ist [und] hier eine unmittelbare öffentliche Verantwortung besteht" (vgl. TIETZE/ROßBACH/GRENNER 2005, S.271).

Seit der Veröffentlichung der über das Mediensystem skandalisierten Ergebnisse der ersten PISA-Studie 2000 verdichtete sich der Kommunikationszusammenhang über Möglichkeiten der Effizienz- und Effektivitätssteigerung im Bildungssystem. Auf der Suche nach bisher nicht ausgeschöpften Potenzialen und Ressourcen rückte primär die *Bildungs-* und *Kompensationsfunktion* des Kindergartens ins Blickfeld politischer und wirtschaftlicher Interessen. PISA führte nicht nur die Defizite des deutschen Schulsystems im internationalen Vergleich klar vor Augen (vgl. DEUTSCHES PISA-KONSORTIUM 2001). Vielmehr lieferte es auch Befunde, die auf die besondere Bedeutung der unteren Stufen des Bildungssystems für den kontinuierlichen und nachhaltigen Kompetenzaufbau von Schülerinnen und Schülern hinwiesen. So konnten etwa bei Jugendlichen, die als Kinder über einen längeren Zeitraum vorschulische Einrichtungen besucht hatten, in späteren Jahren signifikant bessere mathematische und naturwissenschaftliche Kompetenzen als bei solchen ohne Kindergartenbesuch festgestellt werden (vgl. PRENZEL/HEIDEMEYER u.a. 2004, S.274f.). Förderliche Wirkungen des Kindergartenbesuchs auf die Kompetenzgenese wurden z.B. auch in der IGLU-Studie aufgezeigt: Kinder im Grundschulalter, die länger als ein Jahr einen Kindergarten besucht hatten, waren Grundschulkindern mit einer geringeren Verweildauer im Leseverständnis überlegen (vgl. BOS/HORNBERG u.a. 2004, S.138).

Im Gefolge der Schulleistungsstudien stieg das wissenschaftliche und gesellschaftspolitische Interesse an Längsschnittstudien zu den *Auswirkungen* institutionalisierter frühkindlicher Betreuung und Erziehung auf die kognitive, soziale und emotionale Entwicklung von Kindern. Diese brachten differenzierte Ergebnisse, welche die kompensatorische Bildungsbedeutung des Kindergartens noch präziser diskutieren lassen als bisher.

Demnach sind u.a. *kurzfristige kompensatorische Effekte* auf die kognitive Entwicklung nachweisbar, wenn Kinder aus sozial benachteiligten Familien eine Betreuungseinrichtung mit hoher pädagogischer Qualität besuchen. *Langfristige positive Effekte* auf den Schulerfolg sind jedoch nur dann zu erwarten, wenn die kompensatorische Bildungsaufgabe des Kindergartens noch weiter gefasst wird. Sie stellen sich nur ein, wenn auch die Eltern umfassend mit in die pädagogische Arbeit einbezogen werden, wie es etwa bei den bekannten amerikanischen Programmen für Risikokinder der Fall war (Carolina Abecedarian Project, High/Scope Perry Preschool Program; vgl. STAMM 2011, S.23f.). Nach aktuellem Forschungsbild werden also in der vorschulischen Bildung, sofern sie hohen Qualitätsmaßstäben genügt und dabei klaren pädagogisch orientierten Konzepten folgt, wichtige Grundlagen – sogenannte Vorläuferfähigkeiten – für das weiterführende Lernen in der Grundschule angeeignet.

Vor diesem Hintergrund fokussierte, nach gut anderthalb Jahrhunderten, der gemeinsame Diskurs von Bildungswissenschaft und Bildungspolitik ohne Umschweife die programmatische Frage, wie aus „Kindertagesstätten Bildungseinrichtungen werden können" (FTHENAKIS 2003). Erst jetzt war auf der *Deutungsebene* der Zustand einer klaren Zuschreibung erreicht, der, bei allen sonstigen Unterschieden, die für alle vorangehenden Phasen kennzeichnende Doppelung eines pädagogisch-didaktischen Motivs einerseits und eines fürsorgerischen Nothilfemotivs andererseits überwand[8].

Diese Änderung auf der Deutungsebene irritierte die *Strukturebene*. Traditionell war, wie ausführlich dargestellt, der Kindergarten als Teil der Jugendhilfe den Familienministerien auf Bundes- und Landesebene sowie den Jugendämtern auf Kommunalebene zugeordnet. Er war durch die traditionell gewachsene Diversität von Träger- und Einrichtungsstrukturen ebenso gekennzeichnet wie durch weitgehende Heterogenität pluraler pädagogischer und organisatorischer Konzepte. Das politische System hatte sich aufgrund der unklaren Strukturen und

---

[8] Das fürsorgerische Nothilfemotiv ist allerdings mitnichten völlig verschwunden, sondern findet unter dem Terminus der kompensatorischen Förderung eine gewisse Fortsetzung. Unter dieser Perspektive werden soziale Probleme und Ungleichheiten in den Familien primär als Bildungsungleichheit wahrgenommen und bearbeitet. Familiale Erziehungsdefizite sowie sozial bedingte Bildungsbenachteiligungen von Kindern sollen durch kompensatorische Förderung in frühpädagogischen Institutionen einen Ausgleich erfahren, wobei die kompensatorischen Wirkmöglichkeiten nicht selten überschätzt werden.

Prozesse in diesem Bereich ebenso wie aufgrund seiner eigenen unklaren Position zu diesem Bereich mit Steuerungsabsichten immer sehr zurückgehalten.

Nun aber begannen Expertengruppen aus dem Kommunikationsfeld von Bildungswissenschaft und Bildungspolitik, die traditionelle Vernachlässigung des frühpädagogischen Sektors durch die Bildungspolitik zu kritisieren. Empfohlen wird seither die stärkere -Steuerung des vorschulischen Lernens im Rahmen eines klar definierten Bildungsauftrags und Curriculums. In *strukturellen Kopplungen* zwischen Wissenschaftssystem und politischem System kam es zu diversen neuen Initiativen zu Strukturveränderungen im System.

Werden diese Initiativen auf ihre Gesamttendenz hin untersucht, so zeigt sich, dass sie insgesamt auf die *stärkere Regulierung des frühpädagogischen Sektors*, die Überwindung seiner strukturellen Unübersichtlichkeit, dessen *strukturelle Integration* in das Bildungssystems und in dessen Zusammenhang insbesondere auf seine nachhaltige *strukturelle Kopplung* mit der Grundschule abzielen (vgl. DRIESCHNER/GAUS 2012; DRIESCHNER 2013). Es wurden – durchgesetzt durch das juristische System – rechtliche Rahmungen geschaffen, welche die Sozial- und Kultusressorts dergestalt irritieren, dass sie sich zu intensivierter Zusammenarbeit aufgefordert sehen. Es wurden auch für Einrichtungen frühkindlicher Betreuung und Bildung ‚Bildungspläne' eingeführt. Ebenso sollen Maßnahmen zur Qualitätsentwicklung und -evaluation diese Einrichtungen zur Anhebung ihrer ‚Bildungsqualität' anregen. Zentrale Grundlage solcher Entwicklungen ist der Beschluss eines ‚gemeinsamen Rahmens der Länder für die frühe Bildung in Kindertageseinrichtungen' durch die Jugendminister- und Kultusministerkonferenz im Jahr 2004.

Mit ihrer Einführung eines solchen Rahmenplans verfolgt das bisher zurückhaltende politische System eine *Universalisierung der politischen Verantwortung* für die Bereiche und Ziele frühkindlicher Bildungsprozesse. Darin sieht DETLEF DISKOWSKI einen radikalen Umbruch, den er angesichts der traditionell zurückhaltenden bildungspolitischen Steuerung als „Abschied aus der Unverbindlichkeit" charakterisiert (DISKOWSKI 2008, S.157).

Die über die Einführung von *Bildungsplänen* intendierte curriculare Kopplung von Kindergarten und Grundschule spiegelt sich auf der Ebene der Kindergartengesetze der Bundesländer in der auffallenden Zurücknahme überkommener Eigenständigkeits- bzw. Abgrenzungsformeln gegenüber der Schule (vgl. REYER/FRANKE-MEYER 2008, S.889). Außerdem ebnete die Einführung von Bildungsplänen den Weg zu einer formalen Akademisierung der Aus- und Weiterbildung frühpädagogischer Fachkräfte. Durch groß angelegte Längsschnittstudien wie z.B. EPPE (Effective Provision of Preschool Education) und REPEY (Research in Effective Pedagogy in the Early Years) konnte der Zusammenhang nicht nur von pädagogischer Einrichtungsqualität und kognitiver sowie emotionaler Entwicklung der Kinder nachgewiesen werden. Vielmehr wurde hier auch die positive Korrelation zwischen den anderen beiden Untersuchungsgrößen und dem Qualifikationsniveau der Fachkräfte nachgewiesen. Vor dem Hintergrund solcher Untersuchungen entstanden die durch das Bundesministerium für Bildung und Forschung (BMBF) geförderten Großprojekte zur akademischen Aus- und Weiterbildung von frühpädagogischen Fachkräften PiK (Profis in Kita) und WiFF (Weiterbildungsinitiative Frühpädagogische Fachkräfte).

Die eingeschlagenen *qualitätsorientierten* Reformanregungen zur Anhebung des Ausbildungsniveaus und der damit korrespondierende Diskurs über die Professionalisierung von Fachkräften stehen in einem zuweilen spannungsreichen Verhältnis zu den Anstrengungen, die auf einen *quantitativen* Ausbau des Systems insbesondere im Bereich der unter 3-jährigen Kinder zielen. Durch das TAG (Gesetz zum qualitätsorientierten und bedarfsgerechten Ausbau der Tagesbetreuung für Kinder unter drei Jahren) aus dem Jahr 2005 und das KiFöG (Kinderförderungsgesetz) aus dem Jahr 2008 wurde eine gesetzliche Grundlage für den bedarfsgerechten Platzausbau in Krippen, Kindergärten und in der Tagespflege bis zum August 2013 geschaffen.

Intendiert sind mit diesem Gesamtpaket bildungspolitischer Intervention die *Teilregulierung* des frühpädagogischen Sektors, die *Abschwächung seiner strukturellen Unübersichtlichkeit* bzw. sozialen Partikularität sowie seine *Annäherung an das Schulsystem*. Insgesamt geben die bis hierhin referierten politischen Initiativen Hinweise, dass die Vorstellung berechtigt sein könnte, dass der in den 1970er Jahren abgebrochene Prozess der partiellen *Exklusion* von Kindertageseinrichtungen aus dem System Soziale Hilfe und ihrer stärkeren *strukturellen Integration* in das Bildungssystem dieses Mal weiter voranschreiten könnte. Damit wäre eine neue Phase der Ausdifferenzierung des Bildungssystems eingeleitet. Bezogen auf die psychischen Systeme würde dieses bedeuten, dass die Ausweitung von deren Bildungsbiographie jetzt auch politisch gewollt schon in die allerersten Lebensjahre verlegt wird; das ‚lebenslange Lernen', so schimmert der politische Steuerungswille durch, beginne zukünftig schon in der frühen Kindheit. Die Ausdifferenzierung des Bildungssystems nach unten bzw., umgekehrt, die strukturelle Integration frühpädagogischer Institutionen zur untersten Stufe des Bildungssystems (Elementarbereich) machen die Verzahnung des Kindergartens mit der Grundschule (Primarbereich) zu einer derzeit dringlichen Aufgabe.

3.3 Zwischenfazit

Werden die bisherigen Ausführungen zusammengeführt, so ergibt sich als zentrale These, dass die immanenten Prozessdynamiken und Tempi des Schulsystems und des Bereichs frühkindlicher Betreuung und Bildung *historisch zeitversetzt* verlaufen. Diese Tatsache ist deshalb von besonderer, bisher in der Forschung wie in der Praxis nicht beachteter Bedeutung, weil unterschiedliche Phasen und verschiedene Tempi Friktionen bei der strukturellen Kopplung beider Bereiche geradezu zwangsläufig nach sich ziehen.

Das Schulsystem als traditioneller Kern des Bildungssystems ist nach 200 Jahren ein hochentwickeltes *Funktionssystem* der modernen Gesellschaft, das in sich wiederum in vielfältig miteinander verwobene *Organisationssysteme* differenziert ist. Derzeit befindet es sich am Beginn einer neuen Wachstumsphase, welche organisatorisch in Richtung Autonomisierung der Einzelschulen und Dynamisierung ihres institutionellen Ordnungsgefüges bei gleichzeitiger bildungswissenschaftlich-didaktischer wie auch bildungspolitischer Schärfung der Vorgaben zur Ergebnisqualität durch das politische System drängt. So kommt es für den schulischen Sektor derzeit zwar zu einer Rezentralisierung didaktischer und organisatorischer Grundsatzentscheidungen, insgesamt aber zu einer De-Zentralisierung bzw. De-Regulierung organisatorischer und didaktisch-methodischer Einzelfallentscheidungen im konkreten Handlungsfeld schulischen Alltags.

Anders ist die Lage des frühpädagogischen Sektors zu analysieren. Modernisierungstheoretisch argumentiert, lässt sich hier bildungshistorisch eine gleichsam *historisch zeitversetzte* Entwicklung hin zu einer Phase der *Forcierung der bildungspolitischen Steuerung* seit Anfang der letzten Dekade feststellen. Solche Forcierungen politischer Einflussversuche auf einen Bildungsbereich sind, wie oben am Beispiel der Entwicklung vom Schulwesen zum Schulsystem ausgeführt, eher typisch für eine idealtypisch zu scheidende erste Phase einer Systementwicklung im Bildungssystem.

Im Zuge ihrer verstärkten *strukturellen Integration in das Bildungssystem* löst sich die Kindertagesbetreuung partiell aus ihren amorphen, heterogenen und unübersichtlichen traditionellen Formen von *Einrichtungen* der *Kinderbetreuung* und entwickelt sich hin zu einem *Kindern Bildung* anbietenden Elementarbereich des Bildungssystems. Das politische System schränkt die Eigenverantwortlichkeit der Träger ein, indem es über die Betonung der Bildungsfunktion der Kindertagesstätten zunehmend Steuerungskompetenz für sich reklamiert. Strukturell entwickelt sich hier gerade ein analoger Prozess zur Genese des Schulsystems, wie er dort schon 200 Jahre zurück liegt.

Politische Akteure verfolgen in solchen Prozessen das grundlegende Ziel der *Entpartikularisierung* und *Universalisierung politisch-staatlicher Verantwortung* für Bildungsprozesse. Über diese sich derzeit entwickelnde *strukturelle Koppelung mit der Bildungspolitik* erfahren frühpädagogische Institutionen einen Schub verstärkter *struktureller Kopplung* mit der Grundschule und einen Schub der strukturellen Integration in das Bildungssystem.

Auf der Ebene der *Deutungsmuster* ist die Voraussetzung dieser Entwicklung die *politische Anerkennung einer eigenständigen Bildungsfunktion* des Kindertagesbereichs gegenüber der Familie. Auf der Diskursebene kommt auch hier der *strukturellen Koppelung* zwischen Bildungspolitik und Bildungsforschung eine zentrale Bedeutung zu. Die Diskussionen im Schnittfeld von Politik und Wissenschaft deuten zugleich schon, denkt man vom antizipierbaren Ende dieses derzeit ablaufenden Prozesses her, eine neue Phase der Ausdifferenzierung des Bildungssystems an. Einrichtungen der Früherziehung werden inzwischen bereits selbstverständlich als dessen Teil diskutiert. Im Ausgreifen auf die Lebensjahre vor dem Einschulungsalter deutet sich damit auch die politische wie wissenschaftliche Akzeptanz einer weiteren Ausweitung der Bildungsbiographie ‚lebenslangen Lernens' zurück in die frühe Kindheit an. Dieser Ausdifferenzierungsprozess verschiebt die Balance zwischen dem System Familie und dem Bildungssystem weiter zu Gunsten des Bildungssystems.

4. Perspektiven und Probleme aktueller Verkopplungstendenzen von Kindergarten und Grundschule

Bis hierher wurde deutlich, dass sich Kindergarten und Grundschule in unterschiedlichen, chronologisch versetzen Phasen im Modernisierungsprozesses befinden. Auf der einen Seite steht ein modernes Schulsystem, das aus der engen *hierarchischen Koppelung* mit dem politischen System gelöst wird. Auf der anderen Seite stehen Einrichtungsstrukturen im Bereich der Frühpädagogik, welche – strukturanalog – dem Stand einzelner Schulen am Beginn der Systementwicklung des Bildungssystems entsprechen. Diese werden – prozessanalog – derzeit gerade beginnend vom bildungspolitischen System in eine engere Koppelung geführt; durch die Universalisierung bildungspolitischer Steuerungskompetenz mit Blick auf die Inhalte und Ziele frühkindlicher Bildung wird ein Prozess der *strukturellen Integration* des Kindergartens in das Bildungssystem eingeleitet. Demnach stehen beide Bereiche *bildungshistorisch* in *unterschiedlichen* Ausgangslagen, sind aber gleichzeitig mit einer gemeinsamen Aufgabe konfrontiert: Sie sind bildungspolitisch dazu aufgefordert, Bildungswege aufeinander abzustimmen und Übergänge zu organisieren.

Systemtheoretisch lässt sich diese aktuell anstehende *strukturelle Kopplung* der Bildungswege zwischen Einrichtungen der Früherziehung und Grundschulen mit Blick auf die Bildungsbiographie der Kinder auch als innersystemische *Integration* des sich nach unten *ausdifferenzierenden Bildungssystems* beschreiben. Innersystemische *Integration* ist ein Prozess der strukturellen Verkopplung verschiedener Organisationen und Ebenen innerhalb eines Funktionssystems. Er verläuft komplementär zur Differenzierung lässt sich in komplexen Systemen nicht abschließend lösen:

> „Denn sowohl Differenzierung wie Integration sind unverzichtbare Momente eines komplexen Systems. Sie können nicht gegeneinander ausgespielt oder alternativ maximiert, sondern nur in ihrerseits komplexen Formen der Vermittlung aufgehoben werden" (WILKE 1989, S.87; vgl. auch NATH 2003).

Insgesamt laufen also zugleich Prozesse der Ausdifferenzierung (zwischen Bildungssystem und Familie), der Differenzierung und Integration (innerhalb des Bildungssystems) und der strukturellen Integration (von Einrichtungen der Früherziehung in das Bildungssystem) ab. Mit diesen Phänomenen müssen Bildungspolitik, Bildungswissenschaften und pädagogische Fachkräfte in der Gestaltung der *kooperativen Kopplung* bzw. *Integration* von Kindergarten und Grundschule umgehen. Nachfolgend seien Reformtendenzen skizziert und analysiert, die sich unter Labels wie ‚Kontinuität', ‚Übergang', Anschlussfähigkeit und ‚Transition' beobachten lassen. Mit diesen Leitbegriffen werden in jeweils unterschiedlicher Akzentuierung strukturelle, pädagogische, didaktische und curriculare Fragen des Übergangs thematisiert. Die folgenden Darstellungen orientieren sich an den Ebenen der Strukturentwicklung und der Deutungsmusterentwicklung, entlang derer strukturelle Kopplungen untersucht werden können (vgl. Teil I).

4.1 Kopplungsprozesse auf Struktur- und Deutungsmusterebene

Auf der Ebene der strukturellen Vermittlungsversuche zielt Bildungspolitik in den einzelnen Bundesländern und Kommunen derzeit darauf ab, zwischen beiden Bildungsstufen unterschiedliche Reformansätze zu implementierten. Dabei wird insbesondere dem letzten Kindergartenjahr eine Brückenfunktion zugewiesen. Wie YVONNE MANNING-CHLECHOWITZ, SYLVIA OEHLMANN und MIRIAM SITTER erläutern, zielen die Ansätze darauf, die verfestigten „systemimmanenten Logiken" der Organisationen Kindergarten und Grundschule wenigstens partiell aufzubrechen und eine „institutionenübergreifende und damit - verbindende Bildungsinfrastruktur" zu entwickeln (MANNING-CHLECHOWITZ/OEHLMANN/SITTER 2011, S.8).

Zu den Reformansätzen auf Strukturebene zählt u.a. die Einführung von Bildungs-, Erziehungs- und Orientierungsplänen für den Elementarbereich. Diese weisen in Analogie zur Fächerstruktur der Grundschule Bildungspläne aus, ohne damit zwangsläufig einen Ansatz vorschulischen Lernens zu vertreten. Länder wie Hessen und Thüringen kommen der institutionenübergreifenden Bildungsperspektive durch die Einführungen von Bildungsplänen für Kinder im Alter von null bis zehn Jahren nach. Damit stellen sie die Bildungs- und Erziehungsziele von Krippe, Kindergarten und Grundschule in einen systematischen *curricularen Zusammenhang*.

Eine weitere Absicht des politischen Systems liegt darin, die Anschlussfähigkeit zwischen den beiden Bereichen durch *Kooperation der pädagogischen Fachkräfte* anzuregen. Die einzelnen Bundesländer regeln über je landestypische, dennoch in ihrer Gesamttendenz ähnliche Erlasse den angestrebten Ausbau einer Kooperationskultur.

Hinzu kommt die bildungspolitische Initiierung zahlreicher regional begrenzter und z.T. wissenschaftlich begleiteter Projekte. Diese betreffen insbesondere die verbesserte Prozessgestaltung des Übergangs vom Kindergarten in die Grundschule (z.B. ‚Frühes Lernen' in Bremen oder ‚Brückenjahr' in Niedersachsen). In Baden-Württemberg zielt das Modellprojekt ‚Bildungshaus' für Kinder von drei bis zehn Jahren gar auf die *Entdifferenzierung* der Einzelorganisationen Kindergarten und Grundschule, die ihre institutionelle Selbstständigkeit aufgeben und unter einem Dach zu einer übergreifenden Organisation verschmelzen. Dieses Reformprojekt reicht weit über andere Maßnahmen zur kooperativen Verkopplung beider Bereiche hinaus.

Im Spannungsfeld von Bildungspolitik, wirtschaftsnahen Bildungsstiftungen (Robert Bosch Stiftung, Bertelsmann Stiftung) und Bildungswissenschaft ist zudem seit den letzten zehn Jahren die Entwicklung von Bachelor- und Masterstudiengängen für Kindheitspädagogik zu beobachten. Bis zum Jahr 2013 wurden 84 solcher Studiengänge eingerichtet. Die formale Akademisierung von Erzieherinnen ebenso wie die in der Grundschullehrerausbildung zu konstatierenden neuen kompetenzorientierenden Ausbildungsgänge sollen die Anschlussfähigkeit zukünftig handlungsorientiert ausgebildeten professionalisierten Personals sicherstellen. Kindheitspädagoginnen und Lehrkräfte sollen so auf ähnlicher kompetenzorientierter Grundlage und gleicher Augenhöhe kooperieren (vgl. DRIESCHNER/GAUS 2009).

Werden alle diese politischen Steuerungsimpulse in ihrem Zusammenhang betrachtet, so kann daraus das *Bild* zusammengesetzt werden, welches das politische System über seine zentralen Kooperationsaufforderungen von der von ihm gewünschten Zukunft entwirft. Ziel ist demnach, Kinder schon im Alter der frühen Kindheit in ihrer fachlichen und persönlichen Entwicklung zu fördern. Die Vorstellung von Schulfähigkeit wird in diesem Zusammenhang neu bestimmt als Entwicklungs- und Förderaufgabe in gemeinsamer Verantwortung von Familie, Kindergarten und Grundschule. Als gegeben wird angenommen, dass die Grundschule nicht (mehr) die Schulreife als Einschulungsvoraussetzung wie bisher voraussetzen kann. Vielmehr muss sich das Schulsystem auf wachsende Heterogenitäten seiner Schülerschaften sowohl in Hinsicht auf Enkulturation, Sozialisation wie in Hinsicht auf die Niveaus der Kompetenzentwicklung einstellen.

Auf der *Strukturebene* fallen insbesondere Entwicklungen hin zu einer zunehmenden Flexibilisierung des Schulanfangs auf. In den meisten Bundesländern wird durch die Einführung einer offenen Schuleingangsstufe der Heterogenität von Schulanfängern in kognitiver und sozial-emotionaler Hinsicht Rechnung getragen. Die heterogenitätssensible Flexibilität soll dabei Übergang erleichtern und frühes Zurückbleiben im Schulsystem verhindern. Dieses Ziel wird strukturell insbesondere über Vorgaben zur Ersetzung des Jahrgangsklassenprinzips durch altersheterogene Lerngruppen und eine flexible Verweildauer in der Eingangsstufe zwischen ein bis drei Jahren angestrebt. Dem entspricht didaktisch ein konsequente Ausrichtung auf Unterrichtskonzepte individualisierten und binnendifferenzierten Lehrens und Lernens sowie pädagogisch eine Ausklammerung frühzeitiger Leistungsselektion.

Auch auf der *Ebene der Deutungsmuster* lassen sich derzeit neue Stabilisierungsprozesse der Debatten über eine dauerhafte Vermittlung zwischen Elementar- und Primarbereich beobachten. Es verdichten sich *Integrationsformeln* wie ‚Bildung', ‚Kompetenz', ‚Qualität' und ‚Kooperationskultur'. Die semantisch vagen Slogans, die auch von den beteiligten Akteuren im System aufgenommen werden, enthalten einen Kommunikationsüberschuss offener Anschlussmöglichkeiten. Sie eröffnen damit allen, Erzieherinnen und Grundschullehrerinnen, Bildungsforschern wie Bildungspolitikern und Journaliste‚n Möglichkeiten, sich die Anschlussfähigkeit ihrer bisher getrennten Diskurse zu suggerieren: Wer wäre nicht für ‚Bildung' von Anfang an, wer wollte nicht ‚Kompetenzen' entwickeln, wer strebt nicht nach höherer ‚Qualität' im Bildungssystem? Ein viel beschworenes und gleichzeitig diffus bleibendes gemeinsames Bildungsverständnis ebenso wie ein verschwommen reformpädagogisch bleibendes Bild vom Kind avancieren auf der Ebene systemübergreifender und -integrierender Kommunikation gewissermaßen zum Medium der kooperativen Kopplung von Kindergarten und Grundschule.

An dieser Stelle ist allerdings ein bereits in Kap. 1 angesprochenes Problem zu diskutieren. Der *Überschuss an semantischer Anschlussfähigkeit*, welcher nach systemtheoretischer Auffassung die Kommunikation zwischen Systemen erst möglich macht, wird innerhalb jedes Systems genau anders herum verarbeitet. Typisch für das wissenschaftliche Reflexionssystem ist, dass im Verlauf der Karriere von Slogans Wörter zu in diesem und für dieses eineindeutigen Begriffen weiterentwickelt werden. Insofern nimmt das bildungswissenschaftliche Reflexionssystem die Slogans rund um Bildung, Kompetenzen und Qualität zwar auf, verwandelt diese aber zugleich im Laufe der Zeit zu einem systemeigenen Kommunikat. Dieses dient von nun an der *Systemstabilisierung*. So benutzen im Effekt Experten noch die gleichen Wörter, die dann aber nicht mehr dieselben Worte sind.

Wenn aber Experten strukturelle Kooperationsmaßnahmen wie semantische Integrationsformeln wirklich im Medium disziplinär erziehungswissenschaftlicher Fachsprachlichkeit und -methodik untersuchen, kommen sie beim derzeitigen Stand der Dinge zu einem negativen Ergebnis: Insbesondere *in didaktischer Hinsicht* haben alle Versuche, auf solchen Wegen Prozesse von (Aus-) Differenzierung und kooperativer Verkopplung auf neuer, höherer, bildungsstufenübergreifender Ebene auszubalancieren, „bislang entgegen den ursprünglichen Erwartungen nicht zu einer besseren Abstimmung" geführt. Noch immer werden die Bildungsaufgaben von Kindergarten und Grundschule vielfach getrennt voneinander strukturiert und diskutiert (FAUST/GÖTZ/ HACKER 2004, S.7).

Als abträglich für die Abstimmung der institutionellen Bildungswege mit Blick auf die Bildungsbiographie der Kinder erweisen sich *Dysbalancen* in der Verhältnisbestimmung beider Bereiche. Kooperationshemmend wirkt auf der einen Seite der historisch begründete und bis heute hartnäckig vorgetragene Verweis auf den eigenständigen Bildungsauftrag des Kindergartens gegenüber der Schule. Auf der anderen Seite beeinträchtigt eine einseitig verlaufende Diskussion über Anpassungsleistungen des Kindergartens im Zuge seiner strukturellen Integration in das Bildungssystem die Zusammenarbeit der Akteure auf Augenhöhe. Diese Problematik drückt sich in der Frage aus, wie viel Schule der Kindergarten vertrage (vgl. DILLER/LEU/RAUSCHENBACH 2010). Dabei wird allerdings zumeist nicht die Gegenfrage gestellt, was die Schule vom Kindergarten lernen könnte.

4.2 Zum Problem der Integrationssemantik

Die Kommunikation zwischen Elementar- und Primarpädagogik vollzieht sich primär auf der Ebene von *Integrationssemantik*. Semantische Integrationsformeln entäußern sich in permantem Jargon und erzielen aufgrund der Vagheit des sprachlichen Ausdrucks einen Kommunikationsüberschluss, der auf beiden Seiten Anschlussmöglichkeiten offeriert (vgl. Kap. 1). Bildung, Kompetenz, Qualität und Kooperationskultur sind die derzeit zentralen Slogans dieses früh- und grundschulpädagogischen Jargons.

Welche Funktion einem Slogan wie ‚Bildung' zukommt, ist bereits beispielhaft angedeutet worden. Im Folgenden soll aus *systematischer erziehungswissenschaftlicher Sicht* an den Begriffen ‚pädagogische Qualität', ‚Kompetenz' und ‚Kooperationskultur' gezeigt werden, welche Verkürzungen Platz greifen, wenn ein systematisches Problem zum Slogan gerinnt.

Auf der integrationssemantischen Ebene von in der *intrasystemischen* Kommunikation gilt derzeit als umumstritten, dass ‚pädagogische Qualität' als allgemeine Handlungsmaxime gelten kann. Demgemäß stehen alle Akteure im Bildungssystem vor der institutionellen Aufgabe, pädagogische Qualität zu entwickeln. Auf den ersten Blick entsteht also, vermittelt über den bildungswissenschaftlich-bildungspolitisch-öffentlichen Jargon, für frühpädagogisches Fachpersonal ebenso wie für Lehrkräfte im Grundschulbereich der Eindruck, stufenübergreifend das Ziel eines anschlussfähigen und kumulativen Bildungsgangs zu verfolgen. Auf den zweiten Blick einer *intersystemischen* erziehungswissenschaftlichen Reflexion jedoch erfahren verschiedene Aspekte von Qualität in beiden Bereichen völlig unterschiedliche Aufmerksamkeit, Wertigkeit und inhaltliche Bestimmung.

Beschäftigen sich Erziehungswissenschaftler theoretisch und empirisch mit der Frage nach pädagogischer ‚Qualität', so können schon auf einer allgemeinen Ebene verschiedene Aspekte und Dimensionen von Qualität unterschieden werden: Zu unterscheiden sind zumindest: a) heuristisch verschiedene Dimensionen der Qualität von Organisationen wie deren Bildungsqualität, Erziehungsqualität, Netzwerkqualität, b) empirisch überprüfbare Operationalisierungen dieser Qualitäten entlang der Struktur-, Orientierungs-, Prozess- und Ergebnisebene und c) pädagogisch bedeutsame *Wirkungen von Ergebnisqualität in der zeitlichen Dimension* wie Outputqualität (kurzfristige Effekte) und Outcomequalität (langfristige Effekte).

Mit dem Umbau der Steuerungsstrukturen hin zu einem output- bzw. outcomeorientierten Steuerungsparadigmas wird Bildungsqualität in Bezug auf das Schulsystem primär in der Operationalisierung von *Ergebnisqualität* diskutiert. Nach 200 Jahren Systembildung sind zentrale Fragen der Strukturqualität im Wesentlichen geklärt, sodass sich der Blick der von Schulpolitik und -pädagogik nunmehr konsequent auf die Ergebnisse schulischen Lernens richten kann.

Dieses Qualitätsverständnis in Bezug auf das Schulsystem korrespondiert mit einem Verständnis von *Kompetenz* in Bezug auf die psychischen Systeme der Lerner als operationalisierbaren, evaluierbaren, in Kompetenzstufenmodellen verortbaren und systematisch lehr- und lernbaren Kenntnissen, Fähigkeiten und Fertigkeiten, um fachliche Probleme lösen zu können (vgl. WEINERT 2001, S.27f.). Sogenanntes High-Stakes-Testing über internationale und nationale Schulleistungsstudien sowie Vergleichsarbeiten prägend entscheidend dieses aktuelle schulische Qualitäts- und Kompetenzverständnis.

Auf der Ebene der *Prozessqualität* geht Output- und Kompetenzorientierung mit einem veränderten Verständnis von gutem Unterricht als effektiver und ergebnisorientierter Organisation von Lehr- und Lernprozessen einher. Die Glaubenssätze traditioneller Unterrichtslehren sollen durch empirische Wirksamkeitsbelege überwunden werden. Obgleich in einem durchaus spannungsreichen Verhältnis zu den High-Stakes-Tests stehend, weil diese nur Ergebnisse und nicht Prozesse in den Blick nimmt (vgl. WELLENREUTHER 2011), profitiert die empirische, vor allem die empirisch-experimentelle Lehr-Lernforschung auf der Ebene der Gestaltung der Unterrichtsprozesse von den groß angelegten empirisch-deskriptiven Outputmessungen. Ziel der Lehr-Lernforschung, die als funktionales Äquivalent zunehmend die Allgemeine Didaktik aus der Lehrerbildung verdrängt, ist dementsprechend die Bestimmung von Mitteln, Wegen, Strategien und Einstellungen, durch die Lehrkräfte ihren Schülerinnen und Schülern einen messbaren Kompetenzzuwachs ermöglichen (vgl. HELMKE 2007; WELLENREUTHER 2005; HATTIE 2013).

In Zeiten *outputorientierter Steuerung* und *effizienzorientierter Unterrichtskonzepte* geraten Fragen der Struktur- und der Orientierungsqualität in der schulpädagogischen Diskussion zunehmend in den Hintergrund. Fragen der strukturellen Organisation und konzeptionellen Ausrichtung werden in die Verantwortung teilautonomer Einzelschulen überwiesen. Für die nähere Zukunft zeichnet sich ab, dass strikte Vorgabensteuerung durch die Bildungspolitik mehr und mehr wegfallen wird. Im Bereich der Orientierungsqualität zeichnet sich schon seit den 1990er Jahren die Genese und Durchsetzung eines enggeführten professionellen Leitbildes von Lehrkräften als Experten für gezielte Planung, Organisation, Gestaltung und Reflexion von Lehr-Lernprozessen ab. Diskutieren Bildungspolitiker und Lehrerverbände, Bildungsforscherinnen und Lehrkräfte über die ‚Qualität' von Schule und die Kompetenz von Schülerinnen und Schülern, dann vergesellschaften sie sich derzeit über ein Deutungsmuster, welches Bildungsqualität in der schulpädagogischen Diskussion letztlich am Output und am effizienten Lernen im Sinne von Problemlösefähigkeit bemisst.

Demgegenüber aber stehen in der elementarpädagogischen Diskussion ganz andere Dimensionen und Aspekte von ‚Qualität' und ‚Kompetenz' im Mittelpunkt. Zunächst einmal ist festzuhalten, dass hier noch Fragen zu diskutieren sind, die nach 200 Jahren moderner Systementwicklung in der Schule bereits weitestgehend normiert worden sind. Überhaupt erst in eine Phase der Universalisierung institutioneller Strukturen eintretend, müssen hier zunächst einmal grundlegende Merkmale von *Strukturqualität* wie die kindgemäße, internationalen Standards genügende Fachkraft-Kind-Relation diskutiert und übergreifend implementiert werden (vgl. VIERNICKEL 2010). Im Krippenbereich ist nach Inkrafttreten des Rechtsanspruchs auf Betreuung mit Vollendung des ersten Lebensjahren im August 2013 die Situation noch ruraler als im KiTa-Bereich; hier muss vielerorts überhaupt erst einmal der nachgefragte Platzbedarf zu decken.

Neu zu vermessen ist zudem das professionelle Selbstverständnis von frühpädagogischen Fachkräften als Kern von *Orientierungsqualität*. Die Anerkennung des Kindergartens als Bildungsorganisation setzt voraus, dass Frühpädagogen ein bildungsbezogenes Professionsverständnis entwickeln. In diesen Zusammenhang fallen Diskussionen über die professionell-pädagogische Haltung von Erzieherinnen als Expertinnen für frühkindliche Bildung und Entwicklung. Als Kern dieser Haltung kann ein Bild vom kompetenten Kind angenommen werden, das als Akteur seiner Entwicklung Welt eigenaktiv und selbsttätig konstruiert. Diese Vorstellung ist oftmals weit mehr romantisch überhöht als empirisch belegt (vgl. hierzu kritisch GRELL 2010).

Im frühpädagogischen Deutungshorizont meint *Kompetenz* zudem etwas völlig anderes als im output- bzw. outcomeorientierten schulischen Diskurs: Nicht messbare Kompetenzgenese in klar fokussierbarer Progression steht im Mittepunkt, sondern die qualitativ rekonstruierbare selbsttätige Weltaneignung des Kindes. Abgehoben wird damit auf ein eher vermögenspsychologisches Verständnis von Kompetenz im Kontext der neueren Säuglingsforschung einerseits und des ressourcenorientierten Ansatzes der Sozialpädagogik anderseits. Damit wird die Formel vom kompetenten Kind zum positiven Gegenbild des defizitären Kind. Der Begriff ‚Kompetenz' wird also im Mainstream des frühpädagogischen Diskurses immer noch als gesinnungsbildender Begriff und nicht so sehr zur Strukturierung und Evaluation von Lehr-Lern-Prozessen in fachlichen Feldern verwendet.

Auf der Ebene von *Prozessqualität* sind didaktische und methodische Grundlagen für die Bildungsarbeit im Kindergarten erst einmal theoretisch zu entwickeln. Hier zeichnen sich gegenwärtig unterschiedliche Entwicklungstrends ab, die noch nicht in ein angemessenes balanciertes Verhältnis gebracht wurden. Einerseits werden im interdisziplinären Feld der frühkindlichen Bildung durch Entwicklungspsychologen und Pädagogische Psychologen verstärkt Programme zur gezielten Kompetenzförderung von Kindern aufgelegt. Andererseits werden primär von Frühpädagogen Grunddimensionen einer eigenständigen frühpädagogischen Didaktik entwickelt, die die Konstruktivität, Ko-Konstruktivität und Beziehungsgebundenheit frühkindlichen Lernens in den Mittelpunkt stellt (vgl. z.B. DRIESCHNER 2011b, KASÜSCHKE 2010; KÖNIG 2010; NEUß 2013, REICHMANN/KUCHARZ 2012).

Fragen der *Outputqualität* spielen hingegen im Elementarbereich im Vergleich zum Schulsystem bisher noch kaum eine Rolle. Diese Tatsache erklärt sich aus der Eigenlogik der modernen Systementwicklung. Bevor Outputqualität in den Mittelpunkt der politischen und innersystemischen Steuerung gestellt werden kann, sind zunächst Standards auf der Ebene der Struktur-, der Orientierungs- und der Prozessqualität zu universalisieren.

Die bisherigen Überlegungen führen das Funktionsprinzip der *intersystemischen Integrationssemantik* klar vor Augen: Gleiche Labels werden im übergreifenden Diskurs von Elementar- und Primarpädagogik so vage verwendet, das sie tief greifende Differenzen verdecken. Dieser Kommunikationsüberschuss leistet dem Miss- bzw.

Nichtverstehen Vorschub, der als ‚Anschlussfähigkeit' reüssiert – die Beteiligten bleiben im Gespräch, nur weil sie glauben, sich zu verstehen. Ist diese Art der systemorientierten Kommunikationsbeobachtung zutreffend, dann kann sie als Erläuterung für die *intrasystemisch* zu konstatierende *Oberflächlichkeit* der bisherigen Kooperation zwischen beiden Bereichen taugen.

In der groß angelegten BiKS-Studie (Bildungsprozesse, Kompetenzentwicklung und Selektionsentscheidungen im Vor- und Grundschulalter) konnte gezeigt werden, dass sich die Kooperation zwischen den untersuchten Kindergärten und Grundschule im Wesentlichen auf *Kooperationsmaßnahmen äußerlich bleibender Organisationsbegegnungen* beschränkt, welche den unmittelbaren Übertritt von der abgebenden in die aufnehmende Organisation betreffen und „auf das Vertraut-Werden von Kindern und Eltern mit der Schule" abzielen (FAUST 2012, S.17). So wird etwa ein Übergangskalender angelegt mit Terminen für Schulbesuche (‚Schule schnuppern') und gemeinsame Aktivitäten oder Feste mit Schulkindern. Dadurch, so die Behauptung der beteiligten Pädagoginnen, soll den Schulanfängern der als potenziell krisenhaftes bzw. kritisches Lebensereignis gedeutete Übergang erleichtert werden.

Aus der Perspektive bildungswissenschaftlicher Reflexion kann hier ergänzt werden, dass wohl unmittelbar auf die Transition bezogene Übergangsaktivitäten für Erzieherinnen und Grundschullehrkräfte weitaus leichter und angenehmer zu realisieren sind als tatsächliche curriculare und didaktische Abstimmungen zwischen beiden Bildungsbereichen. Diese beinhalten nämlich eine ganze Reihe von Fallstricken und möglichen Missverständnissen. Wenn man also die Ebene vager Integrationssemantik sowie nur äußerlich bleibender loser Kopplung verlässt und demgegenüber tatsächlich zu einer *Abstimmung* von Bildungs- und Erziehungszielen und -angeboten kommt, so ist dieses mit sehr viel mehr Arbeit und fachlicher Klärung verbunden. So kann geargwöhnt werden, dass mit Bezug auf angebliche Übergangsprobleme die Kooperationsaufgabe auf relativ bequeme Maßnahmen des ‚Schule-Schnupperns' unter Ausklammerung tatsächlich pädagogisch-konzeptioneller Arbeit beschränkt werden kann.

Die Beschränkung der Kooperation auf die eine sogenannte *Transitionsbewältigung* ist daher psychisch aus Sicht der Fach- und Lehrkräfte verständlich, kann aber fachlich nicht befriedigen. So ist inzwischen bekannt, dass ‚Transitionserleichterung' zwar nicht schädlich ist, sich aber nachweislich auch nicht positiv auswirkt:

„Die ... internationalen Untersuchungen weisen für diese Maßnahmen keine nachweislich positiven Wirkungen auf die Fähigkeitseinschätzungen durch die neuen Lehrkräfte oder die tatsächlichen Fähigkeiten der Kinder nach dem Schuleinstieg nach" (FAUST 2012, S.17).

Offenbar ist der Übergang zwischen Kindergarten und Grundschule für die psychischen Systeme *keineswegs* so kritisch, wie es vielfach und wieder und wieder von Kindergärtnerinnen und Grundschullehrerinnen, aber auch von Kindheitspädagoginnen beschworen wird. So ergaben sich in die BiKS-Studie

„keinerlei Belege für die Steigerung von Problembelastungen durch den Übergang. Stattdessen zeigte sich, dass die Kinder davon betroffen sind, die die entsprechenden Probleme schon länger davor zeigen" (ebd., S.14).

Demnach ist es grundsätzlich unangemessen, den Übergang vom Kindergarten in die Grundschule als kritisches Lebensereignis auszuweisen. Daher ist eine Debatte um den gleitenden Übergang zwischen Kindergarten und Grundschule aus pädagogisch-systematischer Sicht zu problematisieren. Ihr grundlegendes Problem liegt darin, dass sie die tatsächlich gegebene eigentliche Herausforderung, die in anstehenden der *kooperativen Verkopplung* von Kindergarten und Grundschule, eher verschleiert als befördert. Diese neue Aufgabe ist nämlich auf didaktischer und curricularer Ebene angesiedelt; sie bezieht sich auf das anschlussfähige Lernen und die Entwicklung der Kinder. Wie FAUST in ihrer Auswertung einer Zusammenschau internationaler Forschungen konstatiert,

„beeinflussen die Abstimmung (bzw. Konkretisierung; d.V.) der Curricula in den beiden Bildungsstufen und der Austausch über den individuellen Stand einzelner Kinder anhand einer Entwicklungsdokumentation weitere Kompetenzentwicklung der Kinder nach dem Übergang positiv. ... Während sich die Abstimmung der Curricula auf die Lernangebote für alle bezieht, konkretisiert die Zusammenarbeit auf der Grundlage der Entwicklungsdokumentation die Förderung für das einzelne Kind (ebd., S. 18f.).

An den bisherigen Ausführungen zu Friktionen in der kooperativen Verkopplung von Kindergarten und Grundschule wird folgendes deutlich: Werden die modernisierungstheoretisch begründeten und tief habituell verankerten Differenzen in den Deutungs- und Handlungshorizonte von Elementar- und Primarbereich im Diskurs über anschlussfähige Bildungsprozesse nicht berücksichtigt, dann bleiben Zentralbegriffe der aktuellen Bildungsreform wie ‚Bildung‘, ‚Qualität‘, ‚Kompetenz‘ und ‚Kooperationskultur‘ wenig aussagekräftige Integrationsformeln. Sie bleiben auf der Ebene von Slogans hängen – systemtheoretisch zu erklären, pädagogisch aber nicht zu vertreten. Das Ziel einer *faktischen Annäherung* auf der Ebene didaktischen Handelns und der Gestaltung von Prozess- und Ergebnisqualität kann so nicht erreicht werden.

5. Schluss

Im vorliegenden Buch wurde das Konzept der *strukturellen Kopplung* zunächst theoretisch als Forschungsperspektive erörtert (Teil I) und sodann auf die historische Entwicklung des Verhältnisses von Kindergarten und Grundschule übertragen (Teil II). An diesem Analysebeispiel wurde deutlich, dass sich der bisherige Verkopplungsprozess von Kindergarten und Grundschule als historisch langandauernde und von politischer Kontextsteuerung abhängige Entwicklung der Ausdifferenzierung des Kindergartens aus der Familie und der Schule, der Differenzierung des Bildungssystems in einen Elementar- und Primarbereich, der sukzessiven strukturellen Integration des Kindergartens in das Bildungssystems und der kooperativen Kopplung bzw. Integration mit der Grundschule beschreiben lässt. Alle Prozesse lassen sich reziprok entlang von Strukturentwicklungen und Deutungsmusterentwicklungen analysieren.

Diese miteinander interdependenten Prozesse sind noch nicht abgeschlossen. Auch ist nicht eindeutig absehbar, ob und mit welcher Geschwindigkeit sich die weitere Entwicklung vollziehen, beschleunigen, verlangsamen oder verändern wird. Auf der Strukturebene ist allerdings eine zumindest lose Koppelung zwischen Kindergarten und Grundschule so weit vorangeschritten und auf der Deutungsebene ist der prinzipielle Konsens über die Funktion des Kindergartens als Bildungseinrichtung inzwischen so breit, dass berechtigter Grund zu der Annahme besteht, dass der strukturelle Integrationsprozess des Kindergartens in das Bildungssystem eine *irreversible Entwicklung* darstellt. Diese Aussage beansprucht auch im internationalen Vergleich mit anderen Bildungssystemen in entwickelten Gesellschaften der westlichen Welt Gültigkeit.

Hinter diesem hier erörterten Beispiel stehen *verallgemeinerbare Aussagen* zur Frage, wie Kopplungsprozesse ablaufen, in denen Bereiche strukturell in das Bildungssystem integriert werden, die bisher zu dessen Umwelt gehörten. Am Beispiel wurde insbesondere betont, welche Bedeutung auf Strukturebene die historische Tatsache hat, dass der Integrationsprozess der Bildungssystems in *unterschiedlichen Geschwindigkeiten* von unterschiedlichen Ausgangsbegebenheiten ausgeht. Deshalb wurde hier aufgezeigt, wie sich Elementar- und Primarpädagogik im langfristigen Prozess der Bildungssystementwicklung in unterschiedlichen Entwicklungsphasen und somit in jeweils spezifischen Entwicklungsdynamiken befinden.

Parallel zur Strukturentwicklung bildet sich auf *Deutungsmusterebene* eine Integrationssemantik aus. Vertreten wurde hier die These, dass diese in Bezug auf die ihre Funktion für die autopoietische Dimension des Bildungssystems unter zweierlei Blickwinkeln zu betrachten ist. Einerseits ist – intersystemisch, Nutzen für strukturelle Kopplungen erweisend – ihre semantische Vagheit als Voraussetzung von Kommunikationsüberschuss zu betonen. Andererseits ist – innersystemisch, Funktionen für die relativ autonome Eigen-Codierung der Systemleistung erbringend – ihre fachliche Klärungsdimension zu betonen. Beide Dimensionen von Kommunikation stehen für das Bildungssystem in seiner ‚relativen Autonomie' gegenüber seinen Umweltsystemen in einem spannungsreichen Verhältnis zueinander.

In Bezug auf die hier untersuchte elementar- und primarpädagogische Integrationssemantik wurde herausgearbeitet, dass diese derzeit insbesondere durch die intersystemisch bedeutsame *vage und sloganhafte Verwendung* von Begriffen wie Bildung, Kompetenz, Qualität oder Kooperationskultur kennzeichnet ist. Durch die Weite der Begriffsverwendung wird ein Kommunikationsüberschluss erzeugt, der zum einen Differenzen zwischen den Systemen verdeckt, zum anderen für jedes System kommunikative Anschlussmöglichkeiten bereithält.

Hinter der hier vorgestellten Theorieperspektive auf strukturelle Kopplungen steht die Annahme, dass es für erziehungswissenschaftliche Forschung nicht ausreichend ist, selber im Rahmen von Integrationssemantiken bei vagen und damit allseits anschlussfähigen Verständnissen von ‚Bildung', ‚Kompetenz', ‚Qualität' und ‚Kooperationskultur' stehen zu bleiben, welche der diskursiven Vernetzung angeblichen lebenslangen formalen, non-formalen und informellem Lernens in einem seit den 1990er Jahren allgemein geläufigen aktivierungspädagogischen Deutungshorizont dienen sollen. Solche im systemischen Verkopplungsprozess zwangsläufigen Formelkompromisse mögen der Erziehungswissenschaft kurzfristig strategische Vorteile bei der Verteilung von knappen Aufmerksamkeitsanteilen sichern. Sie verschleiern aber aus erziehungswissenschaftlicher Perspektive geradezu den *klaren Blick* auf die anstehenden Aufgaben, über die das Fach zu *urteilen* hat.

Wissenschaftlich *fundierte Reflexionen* über Möglichkeiten und Grenzen der kooperativen Verkopplung von alten und neuen Bereichen des Bildungssystems, hier von Elementar- und Primarstufe, müssen demgegenüber die Ebene der Postulatorik überschreiten. Sie können nur auf dem Hintergrund einer Rückvergewisserung über den theoretisch zu differenzierenden und empirisch zu erhebenden Stand der Systementwicklung getroffen werden. Vor diesem Hintergrund sind im Zuge der weiteren Ausgestaltung der strukturellen Kopplung eine Reihe von Themen auf Struktur- und Deutungsmusterebene zu reflektieren und zu bearbeiten. Diese seien im folgenden zum Abschluss dieses Bandes angedeutet und zur Untersuchung durch weitere Analysen empfohlen.

Zunächst sei auf die Ebene der *didaktischen und curricularen Orientierungen* geblickt. Hier stellt sich die Frage, welche Systemveränderungen die kooperative Verkopplung von Kindergarten und Grundschule im Rahmen der strukturellen Integration des Kindergartens in das Bildungssystem nach sich ziehen wird. Nach derzeitigem Entwicklungsstand scheint ein Möglichkeitsspektrum zwischen zwei als Extremen zu markierenden Polen auf: Im einen Extrem könnte sich die Grundschule, die bereits jetzt vielerorts Formen des offenen Unterrichts präferiert (z.B. Werkstattarbeit, Wochenplanarbeit, Stationenarbeit), dem Kindergarten mit seinem informellen, akzidentellen, nonformalen Bildungsverständnis annähern. Im anderen Extrem könnte, gerade umgekehrt, der Kindergarten unter dem Einfluss des formalen schulischen Bildungsverständnisses seinen Charakter ändern und sich schulpädagogischen Ansätzen, Methoden und Begründungslogiken öffnen (Scholarisierung des Kindergartens).

Kontroversen zu diesem Spannungsfeld werden unter dem Eindruck des Hineinwachsens des Kindergartens in das Bildungssystems bereits seit einigen Jahren geführt. Sie laufen im wissenschaftlichen Diskurs der Pädagogik der frühen Kindheit, aber auch in den Debatten der Sozialpädagogik im Gefolge des 12. Kinder- und Jugendhilfeberichts, unter den Schlagwörtern *Selbstbildung* vs. *Kompetenzorientierung* (vgl. zur Rekonstruktion der Kontroverse DRIESCHNER 2010, zur Kritik GRELL 2010).

Theoretiker und Verfechter von Ansätzen der *Selbstbildung* argumentieren vor einem (sozial-)konstruktivistischen, postmodernen und lebensweltbezogenen Theoriehintergrund. Demnach umfasst Bildung als Selbstentwicklung, Alltagsbildung und Voraussetzung gelingender Lebensführung mehr und anderes als alleine die Aneignung schulisch repräsentierten Wissens. ‚Bildung ist mehr als Schule', so fassen Sozialpädagogen und Bildungs- wie Familienpolitiker diesen Gedanken griffig sloganhaft zusammen (vgl. BUNDESTAG 2005, S.10ff.).

Theoretiker und Verfechter von Modellen der *Kompetenzentwicklung* beziehen sich demgegenüber primär auf einen anderen Traditionsstrang. Sie sind geprägt durch den aus der US-amerikanischen Tradition kommenden Pragmatismus. In der Verbindung der älteren pragmatisch-reformpädagogischen Reflexionen seit JOHN DEWEY und den Ergebnissen der neueren empirischen Forschungen aus der Lernpsychologie wird hier ein ganz anderes Ideal hochgehalten. Hochgeschätzt werden insbesondere grundlegende Problemlösefähigkeiten. Solche werden für das Leben in modernen Gesellschaften als essentielle Voraussetzungen aufgefasst.

Ein solches Verständnis von Kompetenz als funktionaler Problemlösefähigkeit liegt seit den 1990er Jahren dem Mainstream der deutschen Schulpädagogik, der (Fach-)Didaktik und der empirischen Bildungsforschung zugrunde. Demnach besteht derzeit der *Widerspruch* zwischen deutlich entgegengesetzten Kompetenz- und Bildungsverständnissen von schulpädagogischen Ansätzen und Ansätzen, die im Bereich der frühkindlichen Bildung, aber auch genereller in vielen Bereichen der Sozialpädagogik, gepflegt wird.

Politisch findet die Polarisierung zwischen Selbstbildung und Kompetenzorientierung Niederschlag in unterschiedlich akzentuierten *Bildungsplänen* für Kindertagesstätten in den einzelnen Bundesländern. Selbst nach Einschätzung und Aussage ihrer eigenen Autoren stehen sich etwa der offene Bildungsplan für die Kindertageseinrichtungen in Nordrhein-Westphalen auf der einen Seite und der instruktionsorientierte Ansatz des Bayrischen Erziehungs- und Bildungsplans auf der anderen Seite diametral gegenüber.

Auf der Ebene der *Rekontextualisierung von Bildungsplänen* durch die Fachkräfte vor Ort spiegelt sich die Polarität zwischen Selbstbildung und Kompetenzorientierung wiederum in Deutungs- und Handlungsbezügen. Viele frühpädagogische Fachkräfte sehen sich seit der Einführung von Bildungsplänen erstmals mit einer für sie neuen Herausforderung konfrontiert. Sie müssen von jetzt an eine spezifische fachlich orientierte didaktische Perspektive auf zentrale Bildungsbereiche des Kindergartens entwickeln. Damit geraten sie zugleich in ihrem eigenen Handeln in die historisch gewachsene Ambivalenz ihres Bereichs. Einerseits wird, wie historisch in dieser Darstellung hergeleitet, in diesem Bereich traditionell ein eher informell ausgerichtetes Lernen präferiert. Andererseits wird neuerdings wieder eine stärkere Implementierung von Strukturen und Prozessen geplanten Lernens in diesem Bereich angemahnt.

Somit ist für die absehbare Zukunft ein *Möglichkeitsspielraum* zwischen zwei Polen einzugrenzen. Sollte – einerseits – das schulische Verständnis eines geschlossenen Curriculums in den Kindergarten übernommen werden, würde die kooperative Verkopplung zwischen Kindergarten und Grundschule die Gestalt einer einseitigen Anpassung des Kindergartens an die Grundschule annehmen, In diesem Falle würden die Bildungsbereiche des Kindergartens sozusagen als ‚Kindergartenfächer' analog zur Fächerstruktur der schulischen Eingangsstufe verstanden. Möglich wäre aber – andererseits – auch eine genau umgekehrte Entwicklung. In diesem Falle würde die Tendenz zu einer reformpädagogischen ‚Öffnung des Curriculums' der Schule analog zum traditionell informellen Lernen im Kindergarten führen.

Auf der Ebene der *Organisationsstrukturen* zeigen sich ebenfalls divergierende Tendenzen. Auch für diese Ebene lässt sich ein Möglichkeitsraum für die absehbare Zukunft abstecken.

In einem Extrem lässt sich am aktuellen Beispiel der Baden-Württembergischen Bildungshäuser eine organisatorische Entdifferenzierung von Kindergarten und Grundschule erkennen. Beide Einrichtungen sollen in einer übergeordneten Organisation, dem Bildungshaus, letztendlich ineinander aufgehen bzw. miteinander verschmelzen. Hier zielt hierarchische Kontextsteuerung von Seiten der Politik letztendlich darauf, die Dominanz der Schule als organisatorischem Kern des Bildungssystems herauszufordern, gar zu brechen. Würde eine solche Entwicklung auch auf anderen Systemebenen fortgeführt werden, so wäre davon auszugehen, dass die hierarchische hervorgehobene Position des Schulsystems innerhalb des Bildungssystems als ganze ins Wanken geraten würde. Am Horizont erscheint hier ein gänzlich anders, nämlich *lateral organisiertes Bildungssystem*. In einem solchen würden, seine weitere Ausdifferenzierung vorausgesetzt, Stufen und Formen von Bildungs- und Erziehungsorganisationen gänzlich neue Verbindungen eingehen. Bibliotheken, Jugendhilfeeinrichtungen, Sportvereine, Museen, Musikschulen, Erziehungsberatungsorganisationen, Familienzentren usw. würden nicht länger als Unterstützungsorganisationen in einem untergeordneten Verhältnis, sondern in einem gleichordnenden Verhältnis zur Schule stehen.

Für das andere Extrem stehen als Beispiele etwa die Tendenzen zur Einführung von flexiblen Schuleingangsstufen oder des Brückenjahres im Kindergarten. In diesem Falle bliebe es bei einer bestenfalls nur losen Kopplung zwischen Kindergarten und Schule. Beide würden einander letztlich mehr oder weniger fremde Umwelten bleiben. Sie wären nur lose über lokal und zeitlich begrenzte Projekte von einzelnen Erzieherinnen und Grundschullehrkräften verknüpft. Werden sich in einigen Jahren die ungezielte Förderung der Einrichtungen frühkindlicher Bildung sowie die begleitende vage Begleitsemantik rund um die ‚Bildung' erst einmal erschöpft haben, so wäre wohl davon auszugehen, dass, neben einer immer noch oder schon wieder diffus ausgerichteten Einrichtung Kindergarten die *Schule als unangefochtene Leitinstitution* des Bildungssystems hervortreten würde.

Was genau auf didaktischer, curricularer und struktureller Ebene geschehen wird, ist zum jetzigen Zeitpunkt noch unklar. *Unwägbarkeiten* bieten, schon für kurzfristige Prognosen, Fragen an das politische System. So ist unklar, wie die Finanzausstattung der Kommunen den weiteren KiTa-Auf- und -ausbau fördern oder hemmen wird. So ist zudem unklar, ob es auf Länderebene zu einer Rückkehr zu einem Konsensföderalismus in Bezug auf Bildungsfragen oder bei einer Beibehaltung eines Konkurrenzföderalismus möglichst vieler Entwürfe kommen wird. So ist ferner unklar, ob es zwischen den Ebenen gelingen wird, das Kooperationsverbot zu überwinden, welches derzeit eine gesamtstaatliche Bildungssystementwicklung sehr stark hemmt usw.

Umwägbarkeiten sind kennzeichnend auch für die Entwicklung des Legitimationsdiskurses über frühkindliche Bildung im Schnittfeld von Wissenschaft, Wirtschaft, Politik und interessierter Öffentlichkeit. Die Argumente für außerhäusige Bildung und Förderung wurden in den letzten Jahren öffentlichkeitswirksam vor allem von Neurobiologen wie GERALD HÜTHER oder KATHARINA BRAUN geliefert; wenn auch in unterschiedlicher Akzentuierung und wissenschaftlicher Fundierung. Gemeinsamer Tenor ist aber das Wirkungsversprechen einer sogenannten neurobiologischen Revision von Kindergarten und Schule. Solcher Jargon wird von alltaggestressten Erzieherinnen und Lehrern gerne und begierig aufgegriffen. Auch Politik und Wirtschaft erliegen dem Versprechen der Erleichterung und gleichzeitigen Beschleunigung des Lernens von früher Kindheit an. Allerdings sind inzwischen auch Desillusionierungstendenzen im Deutungsverlauf festzustellen. Mehr und mehr werden zwischenzeitlich die neuropädagogischen Verheißungen als ‚märchenhafte Versprechen' entlarvt (vgl. zuletzt SPIEWAK 2013). Es bleibt abzuwarten, welche Folgen die Enttäuschung der z.T. überzogenen Hoffnungen zeitigen werden, die in frühe Bildung und Förderung gesetzt wurden. Möglich ist, dass sie zu Resignationen und einer genereller Abkehr vom Thema führen. Möglich ist aber auch, dass sie auf dem Niveau experimenteller Untersuchungen eine korrigierte, realistischere Fortsetzung finden, welche eventuell tragfähig genug sein könnte, den Gedanken frühkindlicher Bildung und Förderung unaufgeregt zu legitimieren.

Unwägbar sind auch die zukünftigen Einflüsse des Wirtschaftssystems. Am einen Ende des Möglichkeitsraumes steht die Aussicht darauf, dass sich effizienz- und kompetenzorientierte Anforderungen an Scholarisierung und Qualifikation schon auf immer früheren Stufen des Bildungssystems Einfluss verschaffen können. Am anderen Ende stehen genau umgekehrte Erwartungen. Dann könnte es gerade umgekehrt zu Abgrenzungen des Bildungssystems von der Ökonomie über Formen von Entcurricularisierung, Curriculumsvermeidung oder Entstandardisierung kommen wird.

Insgesamt ist hier ein *mehrdimensionaler Möglichkeitsraum* angesprochen, in welchem historisch-empirische Kopplungs- und Integrationsprozesse potenziell verlaufen können. Zwischen den Extremen eines völlig anderen lateral geordneten Bildungssystems einerseits – das vor dem Hintergrund der historischen Langfristperspektive als eher unwahrscheinlich erscheinen darf – und eines weiteren Fortbestehens der Nichtkompatibilität, nur notdürftig durch lokale und personale Besuchsarrangements verschleiert – das vor dem Hintergrund empirischer Forschung als eher ungenügend gefürchtet werden darf –, erscheint als dritte Möglichkeit diejenige einer pädagogisch wünschbaren, wenngleich nicht zwangsläufig erscheinenden Entwicklung.

Innerhalb des hier abgesteckten Möglichkeitsraumes erscheint eine curricular-didaktische und organisatorische Vermittlung zwischen Kindergarten und Grundschule wünschbar, welche eine wesentliche Voraussetzung erfüllt. Pädagogisch ist einzufordern, dass das *fragile Balanceverhältnis von Selbst- und Fremdreferenz bzw. von teilsystemischer Autonomie und Okkupation* gewahrt bleibt.

Eine ausgewogene Balance wäre aus dieser Perspektive gegeben, wenn sowohl den Kindergarten als auch die Grundschule reziproke Irritationen im Rahmen der Kooperation mit eigenen Veränderungsbestrebungen verbinden. Diese könnten sie idealerweise in ihre eigenlogischen Strukturen integrieren. In einem solchen Falle würden institutionelle Differenzen gewahrt bleiben, während gleichzeitig Kontinuitäten von Bildungsgängen im Übergang entwickelt würden. *Kontinuität* steht hier grundsätzlich in einem Spannungsverhältnis mit *Differenz*. Ein solches Spannungsfeld müsste gar nicht aufgelöst werden. Vielmehr könnte es über komplexe Vermittlungsformen in ein produktives Balanceverhältnis gebracht werden.

Würde eine solche Entwicklung gelingen, so wäre die weitere Institutionalisierung anschlussfähiger Bildungswege ein Prozess, der sich vor dem Hintergrund von *Differenzen* zwischen Kindergarten und Grundschule vollziehen wird. Diese Differenzen zeigen sich z.B. in unterschiedlichen strukturellen Kopplungen mit dem politischen System (Regulierung vs. Deregulierung der politischen Steuerung), mit dem Familiensystem (freiwilliges Angebot vs. Schulpflicht), in entwicklungspsychologisch begründeten Unterschieden in der Didaktik und Methodik (spielerisches vs. methodisch-systematisches Lernen) oder der Regulierung von Nähe und Distanz in der Beziehungsgestaltung (Erzieherin als Bindungsperson vs. Lehrkraft als Unterrichtender). Solche Differenzen müssten von den beteiligten Akteuren und Systemen klar erkannt und anerkannt werden.

Andererseits bedarf die Institutionalisierung anschlussfähiger Bildungswege der Entwicklung von bildungsbereichsübergreifend geteilten *Leitideen*. Solche müssten von den Akteuren im gemeinsamen Austausch konkretisiert und praktisch umgesetzt werden. Wie in Kap. 11 hervorgehoben wurde, ist die aus der Transitionsforschung stammende, derzeit weit verbreitete Leitidee vom Übergang als kritischem Lebensereignis offenbar wenig geeignet, um institutionelle Bildungswege so aufeinander abzustimmen, dass sie auch faktisch die Ebene des Lernens und der Entwicklung der Kinder erreichen. Nach aktuellem empirischem Erkenntnisstand ist eine sich positiv auf das Lernen auswirkenden Anschlussfähigkeit vielmehr auf curricularer, didaktischer und methodischer Ebene zu entwickeln. Hier sind vor allem curriculare Reformen wie die Einführung von Bildungs-, Erziehungs- und Förderplänen für den Kindergarten und von Bildungsstandards für die Grundschule relevant. Auf ihrer Basis könnten sich frühpädagogische Fach- und schulische Lehrkräfte auf gemeinsame Bildungsziele verständigen, die dann mit den didaktisch-methodischen Ansätzen der jeweiligen Bildungsstufe umgesetzt werden könnten. Eine solche gemeinsame Konkretisierung der Curricula würde durch Entwicklungsdokumentationen in der individuellen Förderung der einzelnen Kinder sinnvoll ergänzt.

Wenn der analytische Befund der hier geleisteten Untersuchung zutreffend sein sollte, dass sich Differenz nicht gegen Kontinuität aufhebt, dann lassen sich aus system- und modernisierungstheoretischer Perspektive auch Orientierungen für die weitere Gestaltung und Analyse des Prozesses der kooperativen Verkopplung von Kindergarten und Grundschule gewinnen. Hier geht es im Kern um eine *pädagogisch* zu gestaltende Anschlussfähigkeit. Eine pädagogische Perspektive müsste, ausgehend von einer gemeinsamen Festlegung auf Erziehungs- und Bildungsziele, den Übergang vom Kindergarten zur Grundschule als nuancierte Abstufung vom spielerischem zum systematischen Lernen konzipieren. Analog wäre auf der Ebene des pädagogischen Verhältnisses ein Übergang von familiennahen, nähehaltigen Beziehungsformen im Elementarbereich zu stärker distanzierten, rollenförmigen Beziehungen im Primarbereich zu gestalten.

Diskutiert wurden hier am Beispiel von Kindergarten und Grundschule Balancen zwischen Differenz und Kontinuität, zwischen Selbstreferenz und Anschlussfähigkeit. Aus erziehungswissenschaftlicher Perspektive gilt es, unter der hier vorgestellten instruktiven Metaperspektive auf strukturelle Kopplungsprozesse, solche *Balancen pädagogisch zu konzeptionieren, politisch zu gestalten und erziehungswissenschaftlich zu reflektieren*. Diese Einschätzung gilt nicht nur für den hier vorgestellten, sondern ebenso für alle anderen Bereiche des Bildungssystems. Insofern sei die hier vorgestellte Perspektive auch für weitere Analysen des Bildungssystems zur Diskussion gestellt.

Literaturverzeichnis

ADEN-GROSSMANN, WILMA (2011): Der Kindergarten: Geschichte – Entwicklung – Konzepte. Weinheim u.a.: Beltz.
AMOS, KARIN (2011): Bildungspolitik. In: KADE, JOCHEN/HELSPER, WERNER/ LÜDERS, CHRISTIAN/EGLOFF, BIRTE/RADTKE, FRANK-OLAF/THOLE, WERNER (Hrsg.): Pädagogisches Wissen. Erziehungswissenschaft in Grundbegriffen. Stuttgart: Kohlhammer, S.229-235.
ANWEILER, OSKAR/FUCHS, HANS-JÜRGEN/DORNER, MARTINA/PETERMANN, EBERHARD (Hrsg.) (1992): Bildungspolitik in Deutschland 1945-1990. Ein historisch-vergleichender Quellenband. Opladen: Leske & Budrich.
BAUMERT, JÜRGEN/CORTINA, KAI S./LESCHINSKY, ACHIM (2003): Grundlegende Entwicklungen und Strukturprobleme im allgemein bildenden Schulwesen. In: CORTINA, KAI S./BAUMERT, JÜRGEN/LESCHINSKY, ACHIM/MAYER, KARL U./TROMMER, LUITGARD (Hrsg.): Das Bildungswesen in der Bundesrepublik Deutschland: Strukturen und Entwicklungen im Überblick. – Reinbek, S.52-147.
BECK-GERNSHEIM, ELISABETH (2006): Die Kinderfrage heute. Über Frauenleben, Kinderwunsch und Geburtenrückgang. München: Beck.
BENNER, DIETRICH (1991): Allgemeine Pädagogik. Eine systematisch-problemgeschichtliche Einführung in die Grundstruktur pädagogischen Denkens und Handelns. Weinheim u.a.: Juventa.
BERG, CHRISTA (1991): Familie, Kindheit, Jugend. In: CHRISTA BERG (Hrsg.): Handbuch der Deutschen Bildungsgeschichte. Bd. IV: 1870-1918. Von der Reichsgründung bis zum Ende des Ersten Weltkriegs. München: Beck, S.91-146.
BILDUNGSKOMMISSION NRW (1995): Zukunft der Bildung – Schule der Zukunft. Neuwied u.a.: Luchterhand.
BORGGREFE, CARMEN/CACHAY, KLAUS (2010): Strukturelle Kopplung als Lösung des Inklusionsproblems schulpflichtiger Nachwuchsathleten? Theoretische Reflexionen. In: Sport und Gesellschaft. 7, H.1, S.45-69.
BOS, WILFRIED/HORNBERG, SABINE/ARNOLD, KARL-H./FAUST, GABRIELE/FRIED, LILIAN/LANKES, EVA-M./SCHWIPPERT, KNUT/VALTIN, RENATE (Hrsg.) (2007): IGLU 2006. Lesekompetenzen von Grundschulkindern in Deutschland im internationalen Vergleich. Münster: Waxmann.
BÖTTCHER, WOLFGANG (2006): Outputsteuerung durch Bildungsstandards. In: BUCHEN, HERBERT/ROLFF, HANS-G. (Hrsg.): Professionswissen Schulleitung. Weinheim u.a.: Beltz, S. 673-710.
BÖTTCHER, WOLFGANG/RÜRUP, MATHIAS (2010): Landesspezifische Steuerungskonzepte. In: BOHL, THORSTEN/HELSPER, WERNER/HOLTAPPELS, HEINZ-G./SCHELLE, CARLA (Hrsg.): Handbuch Schulentwicklung. Bad Heilbrunn: Klinkhardt (UTB), S.56-62.
BÖTTCHER, WOLFGANG/TERHART, EWALD (2004): Organisationstheorie in pädagogischen Feldern. In: DIES. (Hrsg.) Organisationstheorie in pädagogischen Feldern. Wiesbaden: VS Verlag für Sozialwissenschaften (Organisation und Pädagogik; 2), S.7-17.

BRAUNE, PETER (2003): Die verspätete Reichsschulkonferenz von 1920. Höhepunkt in der Karriere von Heinrich Schulz. Berlin, FU, Diss.phil.
BREMERICH-VOS, ALBERT (2009): Die Bildungsstandards Deutsch. In: BREMERICH-VOS/GRANZER, DIETLINDE/BEHRENS, ULRIKE; KÖLLER, OLAF (Hrsg.): Bildungsstandards für die Grundschule: Deutsch konkret. Berlin: Cornelsen Scriptor, S.14-42.
BRINKMANN, WILHELM (2008): Aufwachsen in Deutschland. Bausteine zu einer pädagogischen Theorie moderner Kindheit. Ein Lehr- und Studienbuch. Augsburg: Brigg Pädagogik Verlag.
BUNDESREPUBLIK DEUTSCHLAND/BUNDESMINISTERIUM FÜR BILDUNG UND FORSCHUNG (2007) (Hrsg.): Auf den Anfang kommt es an. Perspektiven für eine Neuorientierung frühkindlicher Bildung. Bonn/Berlin.
BUNDESREPUBLIK DEUTSCHLAND DEUTSCHER BUNDESTAG (2005): Bericht über die Lebenssituation junger Menschen und die Leistungen der Kinder- und Jugendhilfe in Deutschland. 12. Kinder- und Jugendbericht. Und Stellungnahme der Bundesregierung. Drucksache 15/6014. 15. Wahlperiode. Am 10.10.2005 zugel. mit Schreiben des BMFSFJ vom 07.10.2005 gem. §84 SGB VIII. Berlin: Deutscher Bundestag. Online-Dokument unter: http://dip21.bundestag.de/dip21/btd/15/060/1506014.pdf (Stand: 09.05.2013)
BURZAN, NICOLE/LÖKENHOFF, BRIGITTA/SCHIMANK, UWE/SCHÖNECK, NADINE (2008): Das Publikum der Gesellschaft. Inklusionsverhältnisse und Inklusionsprofile in Deutschland. Wiesbaden: VS Verlag für Sozialwissenschaften.
DAHRENDORF, RALF (1965): Bildung ist Bürgerrecht. Hamburg: Nannen.
DEDERING, KATHRIN (2012): Schulinspektion als wirksamer Weg der Systemsteuerung? In: Zeitschrift für Pädagogik. 58, H.2, S.69-88.
DEUTSCHER BILDUNGSRAT (Hrsg.) (1970): Empfehlungen der Bildungskommission: Strukturplan für das Bildungswesen. Stuttgart: Klett.
DEUTSCHES PISA-KONSORTIUM (Hrsg.) (2001): Pisa 2000. Basiskompetenzen von Schülerinnen und Schülern im internationalen Vergleich. Opladen: Leske & Budrich.
DILLER, ANGELIKA/LEU, HANS RUDOLF u.a. (2010): Wie viel Schule verträgt der Kindergarten? Annäherung zweier Lernwelten. München: Deutsches Jugendinstitut.
DISKOWSKI, DETLEF (2008): Bildungsstandards und Bildungssteuerung. In: THOLE, WERNER/ROßBACH, HANS-GÜNTHER/FÖLLING-ALBERS, MARIA/TIPPELT, RUDOLF (Hrsg.) Bildung und Kindheit. Pädagogik der Frühen Kindheit in Wissenschaft und Lehre. Opladen: Budrich, S.153-165.
DRIESCHNER, ELMAR (2013): Kindheit in pädagogischen Schonräumen. Bilder einer Entwicklung. Hohengehren: Schneider.
DRIESCHNER, ELMAR (2012): Verstehen. In: CLEVE, HEIKO/WIRTH, JAN (Hrsg.): Lexikon des systemischen Arbeitens. 101 Grundbegriffe der systemischen Praxis, Methodik & Theorie. Heidelberg: Carl-Auer, S.444-447.
DRIESCHNER, ELMAR (2011a): Bildungsstandards und Lerndiagnostik. In: SACHER, WERNER/WINTER, FELIX unter Mitarbeit von SCHREINER, CLAUDIA (Hrsg.): Diagnose und Beurteilung von Schülerleistungen – Grundlagen und Reformansätze. Hohengehren: Schneider. (Professionswissen für Lehrerinnen und Lehrer; 4), S.109-122.

DRIESCHNER, ELMAR (2011b): Bindung und kognitive Entwicklung – ein Zusammenspiel. Ergebnisse der Bindungsforschung für eine frühpädagogische Beziehungsdidaktik. Eine Expertise der Weiterbildungsinitiative Frühpädagogische Fachkräfte. München: Deutsches Jugendinstitut [WiFF-Expertisen, Band 13].

DRIESCHNER, ELMAR (2009): Bildungsstandards praktisch. Perspektiven kompetenzorientierten Lehrens und Lernens. Wiesbaden: VS Verlag für Sozialwissenschaften.

DRIESCHNER, ELMAR (2007): Die Metapher vom Kind als Wissenschaftler. Zum Forschergeist und zur Kompetenz von Säuglingen und Kleinkindern. In: HOFFMANN, DIETRICH/GAUS, DETLEF/UHLE, REINHARD (Hrsg.): Mythen und Metaphern, Slogans und Signets. Erziehungswissenschaft zwischen literarischem und journalistischem Jargon. Hamburg: Kovăc, S.71-90.

DRIESCHNER, ELMAR (2006): Theoriekonzepte und didaktische Konzeptualisierungen des Verstehens im modernen Konstruktivismus. In: GAUS, DETLEF/ UHLE, REINHARD (Hrsg.): Wie verstehen Pädagogen? Begriff und Methode des Verstehens in der Erziehungswissenschaft. Wiesbaden: VS Verlag für Sozialwissenschaften, S.155-209.

DRIESCHNER, ELMAR (2004): Verstehen, Konstruktivismus und Pädagogik. Marburg: Der Andere Verlag.

DRIESCHNER, ELMAR/GAUS, DETLEF (2012): Kindergarten und Grundschule zwischen Differenzierung und Integration. Modellannahmen über Strukturen und Prozesse der Systementwicklung. In: Zeitschrift für Pädagogik. 58, H.4, S.542-561.

DUNCKER, LUDWIG (2010): Methodisch-systematisches Lernen im Kindergarten? Thesen zu einem schwierigen Balanceakt. In: SCHÄFER, GERD E./STAEGE, ROSWITHA/MEINERS, KATHRIN (Hrsg.): Kinderwelten – Bildungswelten. Unterwegs zur Frühpädagogik, Berlin: Cornelsen Scriptor, S.26-37.

ERNING, GÜNTER (2000): Zur Geschichte des Kindergartens im 20. Jahrhundert. In: LARASS, PETRA (Hrsg.): Kindsein kein Kinderspiel. Das Jahrhundert des Kindes (1900-1999). Halle: Franckesche Stiftungen; S.425-434.

ERNING, GÜNTER (1987): Geschichte der öffentlichen Kleinkindererziehung von den Anfängen bis zum Kaiserreich. In: ERNING, GÜNTER/NEUMANN, KARL/REYER, JÜRGEN (Hrsg.) Geschichte des Kindergartens. Band I. Freiburg/Breisgau: Lambertus, S.13-42.

FAUST, GABRIELE (2012): Zur Bedeutung des Schuleintritts für die Kinder – eine wirkungsvolle Kooperation von Kindergarten und Grundschule. In: POHLMANN-ROTHER, SANNA/FRANZ, UTE (Hrsg.): Kooperation von Kita und Grundschule. Eine Herausforderung für das pädagogische Personal. Köln: Link, S.11-21.

FAUST, GABRIELE (2008): Übergänge gestalten – Übergänge bewältigen. In: THOLE, WERNER/ROßBACH, HANS-G./FÖLLING-ALBERS, MARIA/TIPPELT, RUDOLF (Hrsg.): Bildung und Kindheit. Pädagogik der Frühen Kindheit in Wissenschaft und Lehre. Opladen: Budrich, S.225-240.

FAUST, GABRIELE (2006): Zum Stand der Einschulung und der neuen Schuleingangsstufe in Deutschland. In: Zeitschrift für Erziehungswissenschaft. 9, H.3, S.328-347.

FAUST, GABRIELE/GÖTZ, MARGARETE/HACKER, HELMUT (2004): Anschlussfähige Bildungsprozesse im Elementar- und Primarbereich. Bad Heilbrunn: Klinkhardt.
FEND, HELMUT (2008): Schule gestalten. Systemsteuerung, Schulentwicklung und Unterrichtsqualität. Wiesbaden: VS Verlag für Sozialwissenschaften.
FEND, HELMUT (2006): Neue Theorie der Schule. Einführung in das Verstehen von Bildungssystemen. Wiesbaden: VS Verlag für Sozialwissenschaften.
FEND, HELMUT (1980): Theorie der Schule. München u.a.: Urban & Schwarzenberg. (U-&-S-Pädagogik).
FLITNER, WILHELM (1950): Allgemeine Pädagogik. Stuttgart: Klett-Cotta.
FÖLSING, JOHANNES/LAUCKHARD, CARL FRIEDRICH (1848): Die Kleinkinderschulen, wie sie sind und was sie sein sollen. Material zum Fundament beim neuen Aufbau des deutschen Volksschulwesens. Erfurt u.a.: Körner.
FRANKE-MEYER, DIANA (2011): Kleinkindererziehung und Kindergarten im historischen Prozess. Ihre Rolle im Spannungsfeld zwischen Bildungspolitik, Familie und Schule. Bad Heilbrunn: Klinkhardt.
FRANKE-MEYER, DIANA (2009): August Köhler und die Verbindung von Kindergarten und Schule. In: HERING, SABINE/SCHROER, WOLFGANG (Hrsg.): Sorge um die Kinder. Beiträge zur Geschichte von Kindheit, Kindergarten und Kinderfürsorge. Weinheim u.a.: Juventa, S.85-100.
FRÖBEL, FRIEDRICH (1826/1982): Die Menschenerziehung. In: Ders.: Ausgewählte Schriften, Bd. 2. Hrsg. von ERIKA HOFFMANN. Stuttgart: Klett Cotta.
FTHENAKIS, WASSILIOS (2003): Elementarpädagogik nach PISA. Wie aus Kindertagesstätten Bildungseinrichtungen werden können. Freiburg: Herder.
FÜSSENHÄUSER, CORNELIA/THIERSCH, HANS (2011): Theorie und Theoriegeschichte Sozialer Arbeit. In: OTTO, HANS-UWE/THIERSCH, HANS/GRUNDWALD, KLAUS (Hrsg.): Handbuch Soziale Arbeit. Grundlagen der Sozialarbeit und Sozialpädagogik. 4. Aufl. München: Reinhardt, S.1632-1645.
GAUS, DETLEF (2014): Kommunale Bildungslandschaften. Eine rekonstruktive Untersuchung über strukturelle Kopplungen zwischen Bildungspolitik und Bildungssystem. In: DRIESCHNER, ELMAR/GAUS, DETLEF (Hrsg.): Strukturelle Kopplungen im Bildungssystem. Umweltbeziehungen des Bildungssystems aus historischer, systematischer und empirischer Perspektive (Im Erscheinen).
GAUS, DETLEF (2012): Bildung und Erziehung. Klärungen, Veränderungen und Verflechtungen vager Begriffe. In: STANGE, WALDEMAR/KRÜGER, ROLF/HENSCHEL, ANGELIKA/SCHMITT, CHRISTOF (Hrsg.): Handbuch Erziehungs- und Bildungspartnerschaften. Grundlagen und Strukturen von Elternarbeit. Wiesbaden: VS Verlag für Sozialwissenschaften, S.57-66.
GAUS, DETLEF (2009): Nationalsozialistischer Erziehungsstaat. Ideologischer Anspruch und pädagogische Realität(en). In: FAULSTICH, WERNER (Hrsg.): Die Kultur der 30er und 40er Jahre. München: Fink. (Kulturgeschichte des zwanzigsten Jahrhunderts), S.111-128.
GAUS, DETLEF (2005): Das ‚Organisatorische' – Problem oder Wesenhaftes der Unterrichtspraxis? Überlegungen zum Theorie-Praxis-Verständnis bei Erich Weniger und zu seiner Bedeutung als Impuls einer handlungsorientierenden Pädagogik. In: HOFFMANN, DIETRICH/UHLE, REINHARD/GAUS, DETLEF (Hrsg.) Pädagogische Theorien und pädagogische Praxis Untersuchungen zu einem ungeklärten Verhältnis. Hamburg: Kovâc (EUB; 115), S.47-77.

GAUS, DETLEF/DRIESCHNER, ELMAR (2011): Wenn Kindesliebe zum Schulhass wird. Oder: Teachers leave them kinds alone! Hypothesen über Hintergründe und Zusammenhänge eines kulturkritischen Topos. In: Internationale Zeitschrift für Philosophie und Psychosomatik. 3, H.2. URL: www.izpp.de/fileadmin/user_upload/Ausgabe_5_2-2011/03_2-2011_Gaus-Drieschner.pdf. (abgerufen am 9.10.2013)

GAUS, DETLEF/DRIESCHNER, ELMAR (2012): Prozessqualität oder pädagogische Beziehungsqualität? Erörterungen aktueller Qualitätsdiskurse im Spiegel personaler Pädagogik. In: Soziale Passagen. 4, H.1, S.59-75.

GAUS, DETLEF/HOFFMANN, DIETRICH/UHLE, REINHARD (Hrsg.) (2007): Mythen und Metaphern, Slogans und Signets. Erziehungswissenschaft zwischen literarischem und journalistischem Jargon. Hamburg: Kovāc (EUB; 134).

GAUS, DETLEF/UHLE, REINHARD (2009): ‚Liebe' oder ‚Nähe' als Erziehungsmittel. Mehr als ein semantisches Problem! In: MEYER, CHRISTINE/TETZER, MICHAEL/RENSCH, KATHARINA (Hrsg.): Liebe und Freundschaft in der Sozialpädagogik. Personale Dimensionen professionellen Handelns. Wiesbaden: VS Verlag für Sozialwissenschaften, S.23-43.

GERNAND, BRIGITTE/HÜTTENBERGER, MICHAEL (1989): Der Zusammenhang von Kindergarten und Grundschule im Bedingungsgefüge ihrer sozialgeschichtlichen Entwicklung dargestellt am Beispiel des Schulamtsbezirks Darmstadt. Dissertation. Frankfurt/M.

GRELL, FRITHJOF (2010): Über die (Un-)Möglichkeit, Früherziehung durch Selbstbildung zu ersetzen. In: Zeitschrift für Pädagogik. 56, H.2, S.154-167.

GRIEBEL, WILFRIED/NIESEL, RENATE (2011): Übergänge verstehen und begleiten. Berlin: Cornelsen.

HACKER, HARTMUT (2008): Bildungswege vom Kindergarten zur Grundschule. 3. Aufl. Bad Heilbrunn: Klinkhardt (Studientexte zur Grundschulpädagogik und -didaktik).

HATTIE, JOHN (2013): Lernen sichtbar machen. Überarbeitete deutschsprachige Ausgabe von Visible Learning. Besorgt von Wolfgang Beywl und Klaus Zierer. Hohengehren: Schneider.

HELMKE, ANDREAS (2007): Unterrichtsqualität erfassen, bewerten, verbessern. 5. Aufl. Seelze: Kallmeyer in Verbindung mit Klett.

HERRLITZ, HANS-GEORG/HOPF, WULF/TITZE, HARTMUT/CLOER, ERNST (2009): Deutsche Schulgeschichte von 1800 bis zur Gegenwart. Eine Einführung. 5. Aufl. Weinheim u.a.: Juventa.

HOLTAPPELS, HEINZ-GÜNTER (2010): SCHULENTWICKLUNGSFORSCHUNG. In: BOHL, THORSTEN/HELSPER, WERNER/HOLTAPPELS, HEINZ GÜNTER/SCHELLE, CARLA (Hrsg.): Handbuch Schulentwicklung. Bad Heilbrunn: Klinkhardt (UTB), S.26-29.

HORSTER, DETLEF (2005): Niklas Luhmann. 2. überarb. Aufl. München: Beck.

JENZER, CARLO: Die Schulklasse. Eine historisch-systematische Untersuchung. Mit e. Vorwort von Jürgen Oelkers. Bern u.a. 1991. (Explorationen; 2).

KADE, JOCHEN/RADKE, FRANK-OLAF (2011): Erziehungssystem. In: DERS/HELSPER, WERNER/LÜDERS, CHRISTIAN/EGLOFF, BIRTE/RADTKE, FRANK-OLAF/THOLE, WERNER (Hrsg.): Pädagogisches Wissen. Erziehungswissenschaft in Grundbegriffen. Stuttgart: Kohlhammer, S.220-228.

KALTHOFF, HERBERT (1998): „Die Herstellung von Erzogenheit. Die edukative Praxis der Jesuitenkollegs in der Programmatik und Praxis ihrer ‚Ratio Studiorum' vom 1599." In: Jahrbuch für historische Bildungsforschung. Bd. 4. Weinheim u.a.: Juventa, S.65-90.

KASÜSCHKE, DAGMAR (HRSG.) (2010): Didaktik in der Pädagogik der frühen Kindheit. Köln: Link.

KIESER, ALFRED/EBERS, MARK (2006): Organisationstheorien. 6., erw. Aufl. Stuttgart: Kohlhammer.

KLEIN, HELMUT E. (2008): Pro: Wettbewerb. Wettbewerb fördert Schulqualität. In: Schulmanagement. 39, H.2, S.11-14.

KLIEME, ECKHARD (2009): Leitideen der Bildungsreform und der Bildungsforschung. In: Pädagogik. 61, H.5, S.44–47.

KÖLLER, OLAF (2008): Bildungsstandards in Deutschland: Implikationen für die Qualitätssicherung und Unterrichtsqualität. Zeitschrift für Erziehungswissenschaft. 10 (Sonderheft), 13-34.

KÖNIG, ANKE (2010): Interaktion als didaktisches Prinzip. Bildungsprozesse bewusst begleiten und gestalten. Troisdorf: Bildungsverlag Eins.

KONRAD, FRANZ-MICHAEL (2013): Vorschulerziehung. In: KEIM, WOLFGANG/ SCHWERDT, ULRICH (Hrsg.): Handbuch der Reformpädagogik in Deutschland. 1890-1933. Frankfurt am Main: Peter Land Edition. Teil 2: Praxisfelder und pädagogische Handlungssituationen, S.620-654.

KONRAD, FRANZ-MICHAEL (2009a): „Sollen die Kinder der Armen erzogen werden?" Über einige ideengeschichtliche Hintergründe der öffentlichen Kleinkinderziehung in der ersten Hälfte des 19. Jahrhunderts. In: HERING, SABINE/ SCHROER, WOLFGANG (Hrsg.): Sorge um die Kinder. Beiträge zur Geschichte von Kindheit, Kindergarten und Kinderfürsorge. Weinheim u.a.: Juventa, S.25-38.

KONRAD, FRANZ-MICHAEL (2007): Fürsorge oder Bildung? In: Zeitschrift für Sozialpädagogik 5, H.1, S.37-50.

KONRAD, FRANZ-MICHAEL (2004): Der Kindergarten. Seine Geschichte von den Anfängen bis in die Gegenwart. Freiburg/Breisgau: Lambertus.

KRIEG, ELSBETH (2011): Immer beaufsichtigt – immer beschäftigt. Kleinkindererziehung im Kaiserreich im Kontext der Stadt- und Industrieentwicklung. Wiesbaden: VS Verlag für Sozialwissenschaften.

LANGE, BERWARD/DRIESCHNER, ELMAR/WACKER, ALBRECHT (2013): Vorüberlegungen und Facetten zu einer Theorie kompetenzorientierter Didaktik. In: Jahrbuch für Allgemeine Didaktik. Thementeil: Neuere Ansätze in der Allgemeinen Didaktik, Schneider: Hohengehren, S.72-82.

LANGEWIESCHE, DIETER/TENORTH, HEINZ-ELMAR (Hrsg.) (1989): Handbuch der deutschen Bildungsgeschichte. Band V: 1918-1945. Die Weimarer Republik und die nationalsozialistische Diktatur. München: Beck.

LERSCH, RAINER (2010). Didaktik und Praxis kompetenzfördernden Unterrichts. Schulpädagogik heute 1 (1). (http://www.schulpaedagogik-heute.de). (abgerufen am 13.07.2013).

LESCHINSKY, ACHIM/RÖDER, PETER MARTIN (1983): Schule im historischen Prozess: zum Wechselverhältnis von institutioneller Erziehung und gesellschaftlicher Entwicklung. Frankfurt/M.: Ullstein.

LIND, GEORG (2009): Amerika als Vorbild? Erwünschte und unerwünschte Folgen aus Evaluationen. In: BOHL, THORSTEN/KIPER, HANNA (Hrsg.): Lernen aus Evaluationsergebnissen. Verbesserungen planen und implementieren. Bad Heilbrunn: Klinkhardt, S.61-80.
LUHMANN, NIKLAS (2008): Die Politik der Gesellschaft. Frankfurt/M.: Suhrkamp.
LUHMANN, NIKLAS (2002): Das Erziehungssystem der Gesellschaft. Hrsg. von DIETER LENZEN. Frankfurt/M.: Suhrkamp.
LUHMANN, NIKLAS (1997). Die Gesellschaft der Gesellschaft. 2 Bde. Frankfurt/M.: Suhrkamp.
LUHMANN, NIKLAS (1990): Die Wissenschaft der Gesellschaft. Frankfurt/M.: Suhrkamp.
LUHMANN, NIKLAS (1987): Soziale Systeme. Grundriß einer allgemeinen Theorie. Frankfurt/M.: Suhrkamp.
LUHMANN, NIKLAS (1977): Funktion der Religion. Frankfurt/Main: Suhrkamp.
LUHMANN, NIKLAS/SCHORR, KARL EBERHARD (1979): Das Technologiedefizit der Erziehung und die Pädagogik. In: Zeitschrift für Pädagogik. 25, S.345-365.
MATURANA, HUMBERTO R. (2000): Kognition. In: SCHMIDT, SIEGFRIED J. (Hrsg.): Der Diskurs des radikalen Konstruktivismus. Frankfurt/M.: Suhrkamp, S.89-118.
MEYER, UWE (2008): Rezeption und Nutzung von Vergleichsarbeiten aus der Perspektive von Lehrkräften. In: Zeitschrift für Pädagogik. 54, H.1, S.95-117.
MÜHLBAUER, KARL REINHOLD (1991): Zur Lage des Arbeiterkindes im 19. Jahrhundert. Köln u.a.: Böhlau.
MÜLLER, DETLEF K. (1981): Sozialstruktur und Schulsystem. Aspekte zum Strukturwandel des Schulwesens im 19. Jahrhundert. Gek. Studienausg. Göttingen: Vandenhoeck & Ruprecht. (Sammlung Vandenhoeck).
MÜNDER, JOHANNES u.a. (2006): Frankfurter Kommentar zum SGB VIII. Kinder- und Jugendhilfe. 5. vollst. überarb. Aufl. Weinheim u.a.: Juventa.
NATH, AXEL (2001): Die Perioden des modernen Bildungswachstums. In: APEL, HANS-J./KEMNITZ, HEIDEMARIE u.a. (Hrsg.): Das öffentliche Bildungswesen. Historische Entwicklung, gesellschaftliche Funktionen, pädagogischer Streit. Bad Heilbrunn.: Klinkhardt, S. 14-48.
NATH, AXEL (2003): Bildungswachstum und äußere Schulreform im 19. und 20. Jahrhundert. Individualisierung der Bildungsentscheidung und Integration der Schulstruktur. In: Zeitschrift für Pädagogik. 49, S.8-25.
NATH, AXEL/DARTENNE, CORINNA M. (2008): Zur ‚Eigendynamik' in den Langen Wellen des Bildungswachstums. Zur Reziprozität zwischen Situations- und Diskursentwicklung. In: CROTTI, CLAUDIA/OSTERWALDER, FRITZ (Hrsg.): Das Jahrhundert der Schulreform. Internationale und nationale Perspektiven 1900-1950. Bern/Stuttgart/Wien: Haupt-Verlag, S.39-60.
NATH, AXEL/GRIEBEL, ALEXANDER (2010): Zur Deutung von ‚Bildsamkeit' im Prozess der ‚Kommunikationsspirale' des ‚Ideenprofils'. In: GAUS, DETLEF/DRIESCHNER, ELMAR (Hrsg.): ‚Bildung' jenseits pädagogischer Theoriebildung? Fragen zu Sinn, Zweck und Funktion der Allgemeinen Pädagogik. Wiesbaden: VS Verlag für Sozialwissenschaften, S.401-434.
NEUß, NORBERT (Hrsg.) (2013): Grundwissen Didaktik für Krippe und Kindergarten. Berlin: Cornelsen.

OEHLMANN, SYLVIA, MANNING-CHLECHOWITZ, YVONNE, SITTER, MIRIAM (Hrsg.) (2011): Frühpädagogische Übergangsforschung. Von der Kindertageseinrichtung in die Grundschule. Weinheim u.a.: Juventa.
OELKERS, JÜRGEN/REUSSER, KURT (2008): Qualität entwickeln, Standards sichern – mit Differenz umgehen (Bildungsforschung Band 27). Bonn: BMBF.
OPPERMANN, THOMAS (1969): Kulturverwaltungsrecht. Bildung – Wissenschaft – Kunst. Tübingen: Mohr
OTTO, HANS-UWE/RAUSCHENBACH, THOMAS (2008): Die andere Seite der Bildung. Zum Verhältnis von formellen und informellen Bildungsprozessen. Wiesbaden: VS Verlag für Sozialwissenschaften.
PEEZ, GEORG/U.A. (2004): Beurteilen und Bewerten im Kunstunterricht. (Heftthema). In: Kunst + Unterricht. L.287, S.5-22, S.39-43.
PETRAT, GERHARD (1987): Schulerziehung. Ihre Sozialgeschichte in Deutschland bis 1945. München: Ehrenwirth.
PETRAT, GERHARD (1979): Schulunterricht. Seine Sozialgeschichte in Deutschland 1750–1850. München: Ehrenwirth.
PICHT, GEORG (1964): Die deutsche Bildungskatastrophe: Analyse und Dokumentation. Freiburg: Walter.
PRENZEL, MANFRED/HEIDEMEIER, HEIKE/RAMM, GESA/HOHENSEE, FANNY/EHMKE, TIMO (2004): Soziale Herkunft und mathematische Kompetenz. In: DEUTSCHES PISA-KONSORTIUM (Hrsg.): PISA 2003. Der Bildungsstand der Jugendlichen in Deutschland. Ergebnisse des zweiten internationalen Vergleichs. Münster: Waxmann, S.273-278.
RAUSCHENBACH, THOMAS (2009): Zukunftschance Bildung. Familie, Jugendhilfe und Schule in neuer Allianz. Weinheim u.a.: Juventa.
RAUSCHENBACH, THOMAS (2000): Von der Jugendwohlfahrt zu einer modernen Kinder- und Jugendhilfe. Entwicklungslinien der Jugendhilfe im Wandel. In: MÜLLER, SIEGFRIED/SÜNKER, HEINZ/OLK, THOMAS/BÖLLERT, KARIN (Hrsg.): Soziale Arbeit. Gesellschaftliche Bedingungen und professionelle Perspektiven. Hans-Uwe Otto zum 60. Geburtstag gewidmet. Neuwied, Kriftel: Luchterhand, S.465-479.
REBLE, ALBERT (1993). Geschichte der Pädagogik. 17. Aufl. Stuttgart: Klett-Cotta.
REESE-SCHÄFER, WALTER (2011). Niklas Luhmann zur Einführung. 6., überarb. Aufl. Hamburg: Junius.
REICHMANN, ELKE/KUCHARZ, DIEMUT (2012): Grundlagen einer Elementardidaktik. In: KUCHARZ, DIEMUT u.a.: Elementarbildung. Weinhein u.a.: Beltz, S.7-20.
REICHMANN, ELKE (2010): Übergänge vom Kindergarten in die Grundschule unter Berücksichtigung kooperativer Lernformen. Hohengehren: Schneider.
REYER, JÜRGEN (2009): Kindergarten und Schule. Historische Abgrenzungsmotive. In: HERING, SABINE/SCHROER, WOLFGANG (Hrsg.): Sorge um die Kinder. Beiträge zur Geschichte von Kindheit, Kindergarten und Kinderfürsorge. Weinheim u.a.: Juventa, S.69-84.
REYER, JÜRGEN (2006): Einführung in die Geschichte des Kindergartens und der Grundschule. Bad Heilbrunn: Klinkhardt.
REYER, JÜRGEN/FRANKE-MEYER, DIANA (2008): Muss der Bildungsauftrag des Kindergartens „eigenständig" sein? In: Zeitschrift für Pädagogik 54, H.6, S.888-905.

RÖBKEN, HEINKE (2008): Überblick: Entwicklungstrends und Befunde. Über den Sinn wettbewerbsorientierter Maßnahmen. In: Schulmanagement. 39, H.2, S.8-10.
ROLFF, HANS-GÜNTER (2010): Schulentwicklung als Trias von Organisations-, Unterrichts- und Personalentwicklung. In: BOHL, THORSTEN/HELSPER, WERNER/ HOLTAPPELS, HEINZ GÜNTER/SCHELLE, CARLA (Hrsg.): Handbuch Schulentwicklung. Bad Heilbrunn: Klinkhardt (UTB), S.29-36.
ROTH, HEINRICH (Hrsg.) (1968): Begabung und Lernen. Ergebnisse und Folgerungen neuer Forschungen. (Deutscher Bildungsrat/Gutachten und Studien der Bildungskommission Band 4). Stuttgart: Klett.
SAUER, MICHAEL: Vom „Schulehalten" zum Unterricht. Preußische Volksschule im 19. Jahrhundert. Köln u.a. 1998. (Studien und Dokumentationen zur deutschen Bildungsgeschichte; 69).
SCHIMANK, UWE (2009): Planung – Steuerung – Governance: Metamorphosen politischer Gesellschaftsgestaltung. In: Die Deutsche Schule. 101, H.3, S.231-239.
SCHIMANK, UWE (2007): Ökologische Verkettungen, Anspruchsinflation und Exklusionsverkettungen – Niklas Luhmanns Beobachtung der Folgeprobleme funktionaler Differenzierung. In: SCHIMANK, UWE/VOLKMANN, UTE (Hrsg.): Soziologische Gegenwartsdiagnosen I. Eine Bestandsaufnahme. 2. Aufl. Wiesbaden: VS Verlag für Sozialwissenschaften, S.125-142.
SCHIMANK, UWE (2005): Differenzierung und Integration der modernen Gesellschaft. Wiesbaden: VS Verlag für Sozialwissenschaften.
SCHLEIERMACHER, FRIEDRICH DANIEL ERNST (1957): Pädagogische Schriften. Unter Mitwirkung von THEODOR SCHULZE herausgegeben von ERICH WENIGER. Düsseldorf u.a. Band 1. Darin: Vorlesungen aus dem Jahre 1826.
SCHOLZ, GEROLD (2006): Bildungsarbeit mit Kindern. Lernen Ja, Verschulung Nein. Mühlheim: Verlag an der Ruhr.
SPIEWAK, MARTIN (2013): Die Stunde der Propheten. In: Die Zeit Nr. 36, 29. August.
SPRANGER, EDUARD (1969): Das Gesetz der ungewollten Nebenwirkungen in der Erziehung. In: SPRANGER, EDUARD: Gesammelte Schriften. Bd. I: Geist der Erziehung. Hrsg. von Gottfried Bräuer. Tübingen u.a.: Niemeyer, S. 348-405.
STAMM, MARGIT (2011): Wie viel Mutter braucht das Kind? Theoretische Befunde und empirische Fakten zur Frage der Nützlichkeit oder Schädlichkeit von früher familienexterner Betreuung. In: Diskurs Kindheits- und Jugendforschung, H.1, S.17-29.
STICHWEH, RUDOLF (1988): Inklusion in Funktionssysteme der modernen Gesellschaft. In: MAYNTZ, RENATE/ROSEWITZ, BERND/SCHIMANK, UWE (Hrsg.): Differenzierung und Verselbständigung. Zur Entwicklung gesellschaftlicher Teilsysteme. Frankfurt/M. u.a.: Campus, S.261-293.
TACKE, VERONIKA (2011): Systeme und Netzwerke – oder: Was man an sozialen Netzwerken zu sehen bekommt, wenn man sie systemtheoretisch beschreibt. In: Systemische Soziale Arbeit – Journal der dgssa. 2, H.2, S.6-24.
TENORTH, HEINZ-ELMAR (2008): Geschichte der Erziehung. Einführung in die Grundzüge ihrer neuzeitlichen Entwicklung. 4. Aufl. Weinheim u.a.: Juventa.
TENORTH, HEINZ-ELMAR (2004): Autonomie, pädagogische. In: BENNER, DIETRICH/ OELKERS, JÜRGEN (Hrsg.): Historisches Wörterbuch der Pädagogik. Weinheim u.a.: Beltz, S.108-125.

TENORTH, HEINZ-ELMAR (1999): Technologiedefizit in der Pädagogik? Zur Kritik eines pädagogischen Missverständnisses. In: FUHR, THOMAS/SCHULTHEIS, KLAUDIA (Hrsg.): Zur Sache der Pädagogik. Untersuchungen zu einem Gegenstand der allgemeinen Erziehungswissenschaft, S. 252-267.
TENORTH, HEINZ-ELMAR (1992): Intention – Funktion – Zwischenreich. Probleme von Unterscheidungen. In: LUHMANN, NIKLAS/SCHORR, KARL EBERHARD (Hrsg.): Zwischen Absicht und Person. Frankfurt/M.: Suhrkamp, S.194-217.
TERHART, EWALD (2000): Qualität und Qualitätssicherung im Schulsystem. Hintergründe – Konzepte – Probleme. In: Zeitschrift für Pädagogik. 46, H.6, S.809–828.
TERHART, EWALD (1986): Organisation und Erziehung. Neue Zugangsweisen zu einem alten Dilemma. In: Zeitschrift für Pädagogik. 32, H.2, S.205-223.
THIEL, FELICITAS (1996): Ökologie als Thema. Überlegungen zur Pädagogisierung einer gesellschaftlichen Krisenerfahrung. Weinheim: Deutscher Studien Verlag.
TIETZE, WOLFGANG/ROSSBACH, HANS-GÜNTHER/GRENNER, KATJA (2005): Kinder von 4-8 Jahren. Zur Qualität der Erziehung und Bildung in Kindergarten, Grundschule und Familie. Weinheim u.a.: Beltz.
TIETZE, WOLFGANG (1998): Wie gut sind unsere Kindergärten? Untersuchungen zur pädagogischen Qualität in Kindertagesstätten. Neuwied: Luchterhand.
TITZE, HARTMUT (2003): Zur Tiefenstruktur des Bildungswachstums von 1800 bis 2000. In: Die Deutsche Schule. 95, S.180-196.
TITZE, HARTMUT (1999): Wie wächst das Bildungssystem? In: Zeitschrift für Pädagogik. 45, H.1, S.103-120.
TITZE, HARTMUT (1996): Von der natürlichen Auslese zur Bildungsselektion 1780-1980. In: Zeitschrift für Pädagogik. 42, H.3, S.389-405.
TITZE, HARTMUT (1990). Der Akademikerzyklus. Historische Untersuchungen über die Wiederkehr von Überfüllung und Mangel in akademischen Karrieren. Göttingen: Vandenhoeck & Ruprecht.
TREML, ALFRED (2010): Philosophische Pädagogik. Die theoretischen Grundlagen der Erziehungswissenschaft. Stuttgart: Kohlhammer.
TREML, ALFRED (2000): Allgemeine Pädagogik. Grundlagen, Handlungsfelder und Perspektiven der Erziehung. Stuttgart: Kohlhammer.
TRÖHLER, DANIEL (2006): Pädagogik und die Formierung nationaler Kulturen. Einführung in den Thementeil. In: Zeitschrift für Pädagogik. 52. H.44, S.505-507.
UHLE, REINHARD (2004): Pädagogik der siebziger Jahre. Zwischen wissenschaftsorientierter Bildung und repressionsarmer Erziehung. In: FAULSTICH, WERNER (Hrsg.): Die Kultur der siebziger Jahre. München: Fink. (Kulturgeschichte des zwanzigsten Jahrhunderts), S.49-64.
URBAN, MICHAEL (2009): Form, System und Psyche. Zur Funktion von psychischem System und struktureller Kopplung in der Systemtheorie. Wiesbaden: VS Verlag für Sozialwissenschaften.
VIERNICKEL, SUSANNE (2010): Die Fachkraft-Kind-Relation. Schlüssel zu guter Bildung, Erziehung und Betreuung? In: HOFFMANN, HILMAR/RABE-KLEBERG, URSULA/VIERNICKEL. SUSANNE/WEHRMANN, ILSE/ZIMMER, RENATE (Hrsg.): Starke Kitas – starke Kinder. Wie die Umsetzung der Bildungspläne gelingt. Freiburg: Herder, S.61-74.
VON SALDERN, MATTHIAS/PAULSEN, ARNE (2004): Sind Bildungsstandards die richtige Antwort auf PISA? In: SCHLÖMERKEMPER, JÖRG (Hrsg.): Bildung und

Standards. Zur Kritik der „Instantsetzung" des deutschen Bildungswesens. (Die Deutsche Schule, 8. Beiheft). Weinheim u.a.: Juventa, S.66-100.
WEICK KARL E. (1985): Der Prozeß des Organisierens. Frankfurt/M.: Suhrkamp.
WEICK, KARL E. (1982): Administrating Education in Loosely Coupled Systems. In: Phi Delta Kapitan. 63, S.673-676.
WEICK, KARL E. (1976): Educational Organizations as Loosely Coupled Systems. In: Administrative Science Quarterly. 21, S.1-519
WEINERT, FRANZ-EMANUEL (2001): Vergleichende Leistungsmessung in Schulen – eine umstrittene Selbstverständlichkeit, In: WEINERT, FRANZ-EMANUEL (Hrsg.): Leistungsmessungen in Schulen. Weinheim u.a.: Beltz, S.17-31.
WELLENREUTHER, MARTIN (2011): Bildungstheater. Mit Bildungsstandards, Schulinspektionen, Vergleichsarbeiten und zentralen Prüfungen zum Erfolg. Hohengehren: Schneider.
WELLENREUTHER, MARTIN (2005): Lehren und Lernen – aber wie? Empirisch-experimentelle Forschungen zum Lehren und Lernen im Unterricht. Hohengehren: Schneider.
WILLKE, HELMUT (2001): Systemtheorie III: Steuerungstheorie. Stuttgart: Lucius & Lucius [UTB]
WILLKE, HELMUT (1989). Systemtheorie entwickelter Gesellschaften. Dynamik und Riskanz moderner gesellschaftlicher Selbstorganisation. Weinheim u.a.: Juventa. (Grundlagentexte Soziologie).
ZEDLER, PETER (2007): Vernachlässigte Dimensionen der Qualitätsentwicklung und Qualitätssicherung von Unterricht und Schule, Erziehung und Bildung. In: BENNER, DIETRICH (Hrsg.): Bildungsstandards. Chancen und Grenzen, Beispiele und Perspektiven. Paderborn: Schöningh, S. 61-72.
ZIENER, GERHARD (2008). Bildungsstandards in der Praxis. Kompetenzorientiert unterrichten. Seelze: Kallmeyer.
ZÜCK, JOHANNES (2012): Strukturelle Kopplung. Eigenartiges in der Beziehung zwischen System und Umwelt am Beispiel von Organisation und Netzwerk. Bielefeld, Univ., BA-Thesis.